国家职业资格考试指南
Guojia Zhiye Zige Kaoshi Zhinan

U0622038

劳动关系协调员
基础知识
考试指南

Laodong Guanxi Xietiaoyuan Jichu Zhishi

人力资源和社会保障部劳动科学研究所
中国人民大学劳动人事学院　　组织编写

主　编　徐　艳　唐　鑛

人民出版社

《劳动关系协调员基础知识考试指南》

编 写 人 员

（按姓氏笔画排序）

主 编 徐 艳 唐 镶

编 者 刘 兰 林方圆 汪 鑫 崔钰雪 曹 洋 陈玉杰 郑海涛

前　言

　　劳资双方在工作场所形成的用工关系就是劳动关系，劳动关系管理就是对劳资双方在工作场所形成的用工关系进行协调和管理。战略劳动关系管理的对象就是工作场所中的"人力资源与劳动关系"，我们把"人力资源与劳动关系"（HRIR）作为一个单个的词语来描述一个宽泛的领域，既包括人力资源管理也包括劳动关系的制度性范式。劳动关系管理清楚地表明劳资双方在企业中是一种谁也离不开谁的相互依存关系，企业只不过是一个利益相关方为实现共同利益并进行各自利益交换的平台而已。战略劳动关系管理认为企业要绩效，员工要报酬，这都是天经地义的，是市场经济条件下再正常不过的事情了。报酬和绩效其本质是劳资双方的对等承诺和双向实现，这才是工作场所用工管理的主要矛盾和主要问题，战略劳动关系管理实践实质上就是一个在组织绩效与员工报酬之间寻找平衡的过程。

　　对于我国复杂的劳动关系现状，党的十八大报告明确指出："健全劳动标准体系和劳动关系协调机制，加强劳动保障监察和争议调解仲裁，构建和谐劳动关系"。因此，正确处理和协调劳动关系，已经成为我们在处理和协调各种经济社会矛盾中的一项长期的中心内容，成为协调社会经济发展的重要方面，成为建设和谐社会的基础工作。

　　我国虽然已经建立了包括法定劳动保障基准、劳动合同、集体合同、劳动争议处理、劳动保障监察制度在内的法定劳动关系调整体系，但是保障这套体系运行的劳动关系协调人员严重缺乏，亟待加强队伍建设。劳动关系协调工作责任重，专业性强，不仅要求从业人员具有认真负责的态度、客观公正的意识，更需要相应的劳动关系和劳动保障法律知识以及娴熟的判断、沟通和说服技能。因此，我国在壮大劳动关系协调人员队伍的同时，必须加强职业培训，建立相应的职业资格制度。

　　正是在这种现实需求和理论指导下，劳动和社会保障部于2007年11月将劳动关系协调员作为新职业发布，劳动科学研究所承担《劳动关系协调员国家职业标准》（以下简称《职业标准》）的编制工作，该职业标准于2008年2月由劳社厅发【2008】5号文发布试行。2012年，劳动科学研究所与中国人民大学劳动人事学院共同组织编写了《劳动关系协调员国家职业资格培训鉴定教材（试用）》，2014年《劳动关系协调员国家职业资格培训鉴定教材》（以下简称《培训鉴定教程》）和《劳动关系协调员（师）国家职业资格考试指南》（以下简称《考试指南》）由人民出版社正式出版。

　　《考试指南》以《职业标准》为依据，以《培训鉴定教程》为基础，编写了鉴定要素细目表，并对各章节的知识点进行了梳理。为指导考生更好地掌握《培训鉴定教程》的重点、理解难点、解析疑点，《考试指南》还给考生提供了各种练习题，如辅导练习题、真题详解、样题及解答示例等。

　　《考试指南》丛书包括：《劳动关系协调员基础知识考试指南》、《劳动关系协调员考试指南》、《劳动关系协调师考试指南》、《高级劳动关系协调师考试指南》。我们计划还将陆续推出《劳动关系协调案例库》、《劳动关系协调员国家职业资格考试法律汇编》等相关辅导书籍。

　　《考试指南》丛书由中国人民大学劳动人事学院唐鑛教授和人力资源和社会保障部劳动科学研究所徐艳主任共同担任主编，负责丛书的框架结构设计以及丛书的统稿工作。各章节的具体分工为：第一篇由刘兰编写；第二篇由汪鑫编写；第三篇由嵇月婷编写第一章，李潇、嵇月婷编写第二章，卢衍江、王舒扬编写第三章，汪鑫、李潇编写第四章，童欣、汪鑫编写第五章，刘江、赵楠编写第六章。汪鑫和陈玉杰负责全套教程的统稿和校稿工作。柯烁荣、王笑颜、贾丽妍、余田、王方易、廖紫薇、刘文静、冉凯文、冯国豪、曹可安、黄文欣、王冠迪、王选立、武芳旭、冷宜臻、周亚颖、杨欣然、刘晓琳、黄尧、林芳圆、柯丽香、张佳玮、朱云乐等参与了丛书的讨论、校稿等工作。

　　虽然劳动关系学科建设和专业推广在我国目前的社会经济背景下正在全面普及，劳动关系协调员（师）教学培训工作的开展也正如火如荼，呈燎原之势，但是我们必须清醒地认识到具有中国特色的社会主义劳动关系理论体系和教研体系的构建还处于探索之中。因此，《劳动关系协调员考试指南》丛书难免存在许多不足之处，我们殷切地期望人力资源与劳动关系领域的专家、学者和从业人员给予批评和建议，以便我们进一步改进和完善。

目 录

第一篇 考试说明及复习指导

第二篇 鉴定点

第三篇 基础内容

第一篇
考试说明及复习指导

劳动关系协调员国家职业资格考试说明

一、劳动关系协调员国家职业资格鉴定概述

2008 年，劳动和社会保障部颁布了《劳动关系协调员国家职业标准》（劳社厅发【2008】5 号文）（以下简称《职业标准》）。《职业标准》指出：劳动关系协调员是指从事宣传和监督劳动保障法律实施、管理劳动合同、参与集体协商、促进劳资沟通、预防与处理劳动争议等协调劳动关系的专业工作人员。主要职业功能有六项，分别是劳动标准实施管理、劳动合同管理、集体协商和集体合同管理、劳动规章制度建设、劳资沟通和民主管理、员工申诉和劳动争议处理。本职业共设三个等级，分别为劳动关系协调员（国家职业资格三级）、劳动关系协调师（国家职业资格二级）和高级劳动关系协调师（国家职业资格一级）。

二、《考试指南》与《培训鉴定教程》、《职业标准》的关系

本《考试指南》是为了帮助考生了解和掌握劳动关系协调员国家职业资格认证考试的内容和要求编写的，同《劳动关系协调员国家职业标准》，以及人民出版社出版发行的国家职业资格培训鉴定教程——《劳动关系协调员基础知识》、《劳动关系协调员（国家职业资格三级）》、《劳动关系协调师（国家职业资格二级）》、《高级劳动关系协调师（国家职业资格一级）》（以下简称《培训鉴定教程》）有着密切的联系。

（一）《职业标准》

《职业标准》是国家制定的专门用于职业技能鉴定的纲领性文件。考生可以从《职业标准》中了解本职业的概况，如职业的定义、职业等级的划分、职业能力特征、培训的要求、鉴定的要求等；更重要的是，《职业标准》统一制定了职业功能模块，并且明确了每项职业功能所需的相关知识和能力要求，这些即是考试的基本内容；与此同时，《职业标准》还规定了各职业功能模块在考试中所占的比重，这也是命题的重要依据。

（二）《培训鉴定教程》

《培训鉴定教程》以《职业标准》为依据，体现了本职业对不同层级从业人员所应掌握的理论知识和操作技能的要求，是《职业标准》中各项职业功能所要求的相关知识和能力的细化，是考生获取理论知识与专业技能的基本依据。参加不同层级劳动关系协调员考试的考生，通过对《培训鉴定教程》的学习，可以更好地掌握劳动关系协调员工作所必需的各项专业技能。

（三）《考试指南》

《考试指南》以《职业标准》为准绳，按照《培训鉴定教程》的章节编写了鉴定要素细目表，明确了各章节的考核知识点。同时，《考试指南》还提供各种题型的样题及解答示例，为考生掌握重点、理解难点、解析疑点提供具体的指导；加入真题的内容（考试真题样本），也可以更好地指导考生复习。

三、命题依据及原则

（一）命题依据

劳动关系协调员国家职业资格鉴定考试命题的主要依据是劳动和社会保障部于 2008 年 2 月 29 日颁布施行的《劳动关系协调员国家职业标准》（劳社厅发【2008】5 号文）以及涉及劳动关系协调工作的各项法律法规及规章制度，并充分考虑到当前我国社会经济的发展对劳动关系协调工作人员在知识、能力和心理素质等多方面的要求。

（二）命题原则

1. 命题的总体原则

本职业鉴定考试的命题总体原则是：高等级的理论知识和能力要求覆盖低等级的理论知识和能力要求；注重基本知识和基本能力的理解与掌握，难度适中，不出偏题怪题；适应我国劳动关系的现状乃至未来发展趋势，以及本职业的特点和目前总体水平。

2. 理论知识考试的命题原则

理论知识考试应实事求是地反映《职业标准》所提出的各项要求；注重理论知识对职业能力的支撑作用，强调实际工作中必备的知识，避免过度学科化；同时坚持科学性、实用性、一致性、通用性和先进性原则，既要考虑当前本职业的发展水平，又要体现一定的前瞻性。

3. 专业技能考核的命题原则

专业技能考核强调实际操作技能的具体应用性，注重所考内容在实际工作中的基础性和关键性作用；结合实践中的典型工作任务，最大限度地呈现出真实工作情境和反映出当前社会热点问题，使鉴定具有较强的针对性；依据劳动关系协调员各等级的岗位胜任能力要求，监测考生的实际职业能力水平。

四、鉴定方式

根据《职业标准》的规定，劳动关系协调员国家职业资格鉴定方式分为理论知识考试和专业技能考核，均采用闭卷笔试方式，实行百分制，60 分及以上为合格（理论知识考试、专业技能考核的合格成绩两年之内有效）；劳动关系协调师（国家职业资格二级）和高级劳动关系协调师（国家职业资格一级）考核还需要进行综合评审。综合评审采用案例分析、论文答辩、业绩考核等形式。

（一）理论知识考试

理论知识考试时间不少于 90 分钟，考试采用单选和多选两种类型的客观题目。其中，单选题有四个备选项，仅有一个最恰当的答案；多选题也有四个备选项，有两个或两个以上的正确答案。考试内容包括《劳动关系协调员基础知识》、《高级劳动关系协调师（国家职业资格一级）》、《劳动关系协调师（国家职业资格二级）》、《劳动关系协调员（国家职业资格三级）》培训鉴定教程中所介绍的相关知识和能力要求。考试涉及的各个模块内容及所占比例如表 1 所示，需要注意的是，在各个层级的考试中，同一模块知识所占的比重有所区别。

表 1　理论知识考试各模块知识比重表

项目		劳动关系协调员（%）	劳动关系协调师（%）	高级劳动关系协调师（%）
基本要求	基础知识	15	10	0
	职业道德	5	5	0
相关知识	劳动标准实施管理	15	10	10
	劳动合同管理	15	15	20
	集体协商与集体合同管理	10	15	20
	劳动规章制度建设	10	10	10
	劳资沟通与民主管理	10	15	15
	员工申诉与劳动争议处理	20	20	25
合　计		100	100	100

（二）专业技能考核

专业技能考核时间不少于 120 分钟，考试一般采用简答题、案例分析题、方案设计题等类型的主观题目，考试内容包括《高级劳动关系协调师（国家职业资格一级）》、《劳动关系协调师（国家职业资格二级）》、《劳动关系协调员（国家职业资格三级）》培训鉴定教程中所介绍的相关知识和能力要求。考试涉及的各个模块内容及所占比例如表 2 所示：

表2　专业技能考核各模块知识比重表

	项目	劳动关系协调员（%）	劳动关系协调师（%）	高级劳动关系协调师（%）
相关知识	劳动标准实施管理	20	15	10
	劳动合同管理	20	20	20
	集体协商与集体合同管理	10	10	10
	劳动规章制度建设	10	15	15
	劳资沟通与民主管理	15	15	20
	员工申诉与劳动争议处理	25	25	25
合　计		100	100	100

（三）综合评审

劳动关系协调师（国家职业资格二级）和高级劳动关系协调师（国家职业资格一级）考核还需要进行综合评审。综合评审可采用案例分析、论文提交、论文答辩、业绩考核、项目评审、方案设计等多种形式进行。

（四）不同等级考试的难度区分

本职业共分三个等级，虽然《职业标准》对三个等级的申报条件做出了明确的界定，但是按照《职业标准》的要求，劳动关系协调员职业的三个等级都涵盖了职业标准中的六个职业功能模块，但三个等级的职业活动层级和范围有较大区别。

《职业标准》对劳动关系协调员、劳动关系协调师、高级劳动关系协调师的能力要求依次递进，高级别涵盖低级别的内容，即着眼于同样的职业功能，但是高级别的鉴定考试覆盖低级别鉴定考试的内容，向纵深发展。表3以"试用期"和"年休假"知识点为例，说明三个等级考试的不同侧重点和难度区分。

表3　不同等级考试的侧重点和难度示例

等级	三级	二级	一级
命题依据	岗位职责、职位权限、典型工作任务		
命题侧重点	常识认知（70%） 一般应用（30%）	常识认知（50%） 问题解决（50%）	常识认知（30%） 重大、疑难问题解决（70%）
命题难度区分	典型工作任务涉及的常识及其简单应用。	典型工作任务涉及的常识及其复杂应用。	仍立足于典型工作任务涉及的常识，在应用方面向纵深发展，注重从战略上解决问题。
命题内容示例1（试用期）	不同期限劳动合同对应的试用期长短；试用期的待遇的有关规定等。	针对期限或者待遇不合法的试用期事例的处理办法；试用期辞退员工的条件和程序等。	和试用期相关的用工方式的选择、劳动合同期限的选择；试用期工资的设计；试用期的管理；试用期跟进评估；如何避免试用期产生的风险等。
命题内容示例2（年休假）	工作年限对应的年休假天数；年休假工资支付比例等。	根据职工工龄计算年休假、应休未休年休假工资；职工中途入职或离职情形下年休假的计算及应休未休的补偿等。	针对国家关于放假安排的有关规定、本单位工作性质、工作进度安排以及职工的个性化需求，制定职工休假实施方案等。

劳动关系协调员基础知识复习指导

一、基础知识在考试中的地位

基础知识对应《职业标准》的"基本要求",包含"基础知识"和"职业道德"两部分。根据《职业标准》所确定的理论知识考试各部分知识比重表,基础知识在各等级考试中所占的比例不同,见表4。

表4　理论知识考试中基础知识比重表

项目	劳动关系协调员（%）	劳动关系协调师（%）	高级劳动关系协调师（%）
基础知识	15	10	0
职业道德	5	5	0
合　计	20	15	0

由此可见,基础知识在劳动关系协调员（国家职业资格三级）的理论知识考试中所占比重最大,达到了20%,在劳动关系协调师（国家职业资格二级）的理论知识考试中也占到了15%,参加这两个等级考试的考生应当对本部分内容予以重视。

二、基础知识的复习方法

如前所述,基础知识在理论知识考试中所占的比重为15%—20%,但它涉及职业道德、劳动保障法律政策、劳动关系、人力资源管理、社会学、心理学等方面的知识,考前应对基础知识进行全面深入的复习。全面理解本《考试指南》所列出的鉴定范围和各章节的鉴定点,系统掌握《培训鉴定教程》中所阐述的基本原理、基本方法。为此,提出以下几点意见和建议供考生参考。

（一）构建完备的知识体系

基础知识涉及的内容较多,如果没有完备的知识体系,只凭掌握若干知识碎片,考试则难以通过。基础知识的每一章所涉及内容相对独立,各章关联性不大,但是每一章都蕴含一个庞大的知识体系。考生应当对该部分内容有一个总体的认识，从宏观上把握整体架构，还可以结合相关的其他教材来进行知识体系的构建。

（二）重点关注核心内容

如前所述，基础知识的每一章背后都有一个庞大的知识体系，但并不意味着这个知识体系覆盖的所有内容都是考试的内容。基础知识作为职业功能的支撑，考生需要熟练掌握的应当是该类知识里最关键、最核心的内容。因此，在把握该类知识总体架构的基础上，考生应重点关注各章的鉴定范围和鉴定要点，紧紧抓住各职业等级所必备的基础知识关键点。

（三）结合题型特点进行复习

虽然基础知识内容较多，但通常只出现在理论知识考试当中。理论知识考试以客观题为主，包括单项选择题和多项选择题等，主要考查考生的记忆能力、理解能力以及对一些基本概念、基本观点和基本原理的掌握程度。因此，考生应结合题型特点来进行基础知识部分的复习。

三、基础知识样题及解答示例

基础知识的考核主要通过单项选择题和多项选择题两种题型体现，选择题的命题视角主要包括基本概念、基本概念的延伸、基本观点、相近概念和包含于一个命题中的并列从属项等。基本概念主要指各种概念、定义的内涵；基本观点主要指常识性、比较重要的观点等。相近概念是指两个或两个以上意义相近、但内涵外延又略有不同的定义。包含于一个命题中的并列从属项是指构成某个知识体系的若干并列知识要点。

（一）单项选择题

单项选择题是要求在四个选项中选择一个符合题干要求的、最恰当的选项。

示例：

【题目】下列劳动保障法律规范中，效力层级最低的是（　　）。

A. 宪法中的有关规定

B. 全国人大颁布的劳动保障法律

C. 全国人大常委会颁布的劳动保障法律

D. 国务院颁布的劳动保障行政法规

【答案】D

【解析】

（1）本题属于基础知识"劳动保障法律与政策"部分的内容。实践中，劳动保障法律规范因其颁布的部门不同，其效力层级也不同。在整个法律体系中，宪法具有最高的法律效力，因此宪法中有关劳动保障内容的规定也具有最高的法律效力；狭义的劳动保障法律，包括全国人大颁布的和全国人大常委会颁布的，其效力仅次于宪法；而国务院颁布的劳动保障行政法规，其效力又次于法律。因此本题的正确答案为 D。

（2）区分法律规范的效力层级，有助于我们从众多规范性法律文件中准确地找到适用的准则，因此这是劳动保障法律与政策里非常重要的知识点。考生应当学会给不同机构颁布的规范性法律文件的效力层级排序，这样无论怎样变换出题方式，考生均能正确作答。

（二）多项选择题

在多项选择题中，题目一般设置四个选项，其中有两个或者两个以上的选项符合题意。多项选择题中考生少选、多选、错选均不得分。

示例：

【题目】保护劳动者合法权益，应当具体落实对劳动者的（   ）。

A. 平等保护

B. 优先保护

C. 全面保护

D. 基本保护

【答案】ABCD

【解析】

（1）本题属于基础知识"劳动保障法律与政策"部分的内容。保护劳动者合法权益是劳动保障立法基本原则最主要的一项内容。保护劳动者合法权益又具有丰富的内涵，包括对劳动者的平等保护、优先保护、全面保护和基本保护。因此，本题的正确答案是 ABCD。

（2）劳动保障立法的基本原则是"劳动保障法律与政策"的核心内容之一，而保护劳动者合法权益原则更是最重要的一条基本原则，因此要正确理解其内涵。除了了解保护劳动者合法权益所包含的对劳动者的平等保护、优先保护、全面保护和基本保护内容外，对平等保护、优先保护、全面保护和基本保护的具体所指也应有明确的认识，并可以举例说明，这样才算对劳动保障法的立法原则有较好的掌握。

第二篇
鉴定点

劳动关系协调员基础知识鉴定要素细目表

鉴定要素细目表说明

　　鉴定要素细目表是对劳动关系协调员等级考试所涉及知识的梳理，细目表中所列的鉴定点，即鉴定考核的要点，是国家职业技能鉴定考试的基本范围，它反映了当前本职业对从业人员知识和能力要求的主要内容。

　　鉴定要素细目表中，每个鉴定点都有其重要程度指标，其中 X 代表核心要素，属于学员应该掌握的重要鉴定点；Y 代表一般要素，属于学员应该熟悉和理解的比较重要的鉴定点；Z 代表辅助要素，属于学员应当了解的最低层次的鉴定点。

一级		二级		三级		
名称 代码	鉴定比重	名称 代码	鉴定比重	代码	名称	重要程度
职业道德 基本知识 A	15	职业道德 基本知识 A	15	001	职业道德的基本概念	X
				002	职业道德的特点	X
				003	职业道德的作用	X
职业守则 B	10	职业守则 A	10	001	职业道德守则	Y
劳动保障 法律与政策 C	15	劳动保障法律与 政策概论 A	5	001	法律与政策的概念、区别、联系	X
				002	劳动保障法律规范	X
				003	劳动保障政策	X
		劳动保障 法律关系 B	5	001	劳动法律关系的概念	X
				002	劳动法律关系的特征	X
				003	劳动法律关系的要素	X
				004	劳动法律关系的产生、变更和消灭	Y
				005	劳动行政法律关系的概念、要素	Z
				006	劳动服务法律关系的概念、要素	Z
		劳动保障法的 基本制度 C	5	001	劳动保障法律体系	X
				002	劳动保障法的基本原则	X
				003	劳动保障法基本制度的内容	Y

续表

一级		二级		三级		
名称 代码	鉴定 比重	名称 代码	鉴定 比重	代码	名称	重要 程度
劳动关系 D	15	劳动关系 基础理论 A	2.5	001	劳动关系概述	X
				002	劳动关系的历史发展	Z
				003	劳动关系研究的基本视角	X
				004	劳动关系管理概述	X
				005	企业劳动关系管理	X
		劳动合同制度 B	2.5	001	劳动合同概述	X
				002	劳动合同基本内容	X
				003	劳动合同基本作用	Y
				004	劳动合同立法概况	Z
				005	劳动合同的订立	X
				006	劳动合同的履行与变更	X
				007	劳动合同的解除与终止	X
		集体协商和 集体合同制度 C	2.5	001	集体协商和集体合同概述	X
				002	集体协商和集体合同基本内容	X
				003	集体协商和集体合同基本作用	X
				004	集体协商和集体合同立法概况	Z
				005	集体协商和集体合同管理	X
		劳动规章制度 D	2.5	001	劳动规章制度概述	X
				002	劳动规章制度与劳动合同的关系	X
				003	劳动规章制度的作用	X
				004	劳动规章制度的效力	X
				005	劳动规章制度的实施	X
		职工参与制度 E	2.5	001	员工民主参与概述	X
				002	员工民主参与的形式	X
				003	中国职工民主参与的发展	Z
				004	中国职工民主参与的形式	X
		劳资冲突 及其处理 F	0.5	001	劳资冲突概述	X
				002	冲突认识的变迁	Z
				003	冲突管理系统概述	Y
				004	冲突管理系统产生冲突管理系统的特征	X
				005	冲突管理系统的建立与运行	Y

续表

一级		二级		三级		
名称代码	鉴定比重	名称代码	鉴定比重	代码	名称	重要程度
人力资源管理 E	15	人力资源管理基本理论 A	2.5	001	人力资源的概念	X
				002	人力资源的特点	X
				003	人力资源管理的定义	X
				004	人力资源管理的内容	X
				005	人力资源管理的基本原理	X
				006	人力资源管理的基本职能	X
				007	人力资源管理的三大基石	X
				008	人力资源管理的两大技术	X
		工作分析 B	2.5	001	工作分析的概念	X
				002	工作分析的基本术语	X
				003	工作分析的基本内容	X
				004	工作分析的作用	X
				005	工作分析的流程	X
				006	工作分析的方法	X
		员工招聘 C	2.5	001	员工招聘的概念	X
				002	员工招聘的意义	Z
				003	招聘的基本程序	X
				004	招聘渠道的选择	X
				005	人员招募的方法	X
				006	招聘评估	Y
		绩效考核 D	2.5	001	绩效考核的基本概念	X
				002	绩效考核的目的	X
				003	绩效考核的内容	X
				004	绩效考核的流程	X
				005	绩效考核指标的确定	X
				006	绩效考核的过程控制	X
				007	绩效考核的方法	X
				008	绩效考核面谈与反馈	X
				009	绩效考核结果应用	X
		薪酬管理 E	2.5	001	薪酬的相关概念	X
				002	薪酬要素及组合	X
				003	薪酬的功能	X
				004	企业薪酬管理基本流程	X
				005	企业薪酬管理的法律和制度环境	Y
		人力资源管理与劳动关系管理的关系 F	2.5	001	人力资源管理与劳动关系管理	X
				002	人力资源管理调整劳动关系的一般机理	X

续表

一级		二级		三级		
名称代码	鉴定比重	名称代码	鉴定比重	代码	名称	重要程度
劳动经济学 F	15	劳动经济学 基础知识 A	2.5	001	与劳动力市场有关的定义	X
				002	劳动力市场的运行	Y
		劳动力供给 与需求 B	2.5	001	劳动力需求概述	X
				002	影响劳动力需求的因素	Y
				003	劳动力供给概述	X
				004	人口对劳动力供给影响	Y
				005	劳动力供给的工资弹性	X
				006	劳动力供给行为分析	Y
				007	工作时间决策	X
		工资的确定 C	2.5	001	均衡价格工资理论	X
				002	工资报酬	X
				003	总报酬模型	X
				004	收入分配不平衡的衡量	Y
		人力资本投资 D	2.5	001	人力资本	X
				002	人力资本投资	X
				003	教育投资分析	X
				004	在职培训	x
		劳动力流动 E	2.5	001	劳动力流动概述	X
				002	劳动力流动模型	X
				003	影响劳动力流动的因素分析	Y
		劳动力市场歧视 F	2.5	001	歧视的定义与表现形式	X
				002	劳动力市场歧视理论	X
				003	性别歧视	Y
其他基础知识 G	15	社会学常识 A	2.5	001	社会学的研究对象与研究特点	X
				002	社会学理论体系的基本知识	X
				003	社会学研究方法	X
		社会调查统计 分析方法 B	2.5	001	社会调查研究方法	X
				002	人力资源和社会保障领域相关统计调查方法及数据采集	X
				003	人力资源和社会保障领域相关统计调查指标	Y
				004	人力资源和社会保障领域主要劳动统计指标解释	Y
		心理学常识 C	2.5	001	个性心理与个性行为	X
				002	群体心理与行为	X
		人际沟通的 方法与技巧 D	2.5	001	群体中的人际关系	X
				002	沟通的内涵与外延	X
				003	有效沟通的方法和技巧	X
		人力资源与劳动 保障行政部门 机构设置于职能 E	2.5	001	人力资源与劳动保障行政部门机构设置与职能	Z
		劳动争议仲裁、 诉讼机构职能和 办案程序 F	2.5	001	劳动争议仲裁机构	X
				002	劳动争议仲裁程序	X
				003	劳动争议诉讼机构	X
				004	劳动争议诉讼程序	X

第三篇
基础内容

第一章

职业道德

1. 理解职业道德的基本概念，了解职业道德的特点。
2. 了解劳动关系协调员职业道德守则。
3. 理解劳动关系协调员职业操守。

第一节　职业道德基础知识

一、职业道德基本概念

职业道德是指从业人员在职业活动中应遵循的道德规范，它既是对各行各业从业人员在本职工作中的行为要求，也是各行各业对社会所负的道德责任与义务。

二、职业道德的特点

（一）职业性

职业道德的内容与职业实践活动紧密相连，反映着特定职业对从业人员行为的道德要求。每一种职业道德都只能规范本行业从业人员的职业行为，在特定的职业范围内发挥作用。

（二）稳定性

职业道德是在长期实践过程中形成的，往往表现为世代相袭的职业传统，使人们形成比较稳定的职业心理和职业习惯，养成比较特殊的职业品质和职业风格。

（三）多样性

与丰富多彩的职业生活相联系，各个行业的职业道德形式也丰富多样。

（四）纪律性

职业道德也是一种特殊的纪律，它既要求从业人员自觉遵守，又带有一定的强制性。

另外，职业道德具有调节人际关系、赢得职业声誉、促进事业发展等作用。

辅导练习题

一、单项选择题

1. 职业道德是指从业人员在职业活动中应遵循的道德规范，它既是对各行各业从业人员在本职工作中的（   ）。

   A. 行为要求

   B. 思想要求

   C. 语言要求

   D. 心理要求

   答案：A

2. 下列哪一项不属于职业道德的特点？（   ）

   A. 职业性

   B. 稳定性

   C. 多样性

   D. 统一性

   答案：D

3. 下列关于职业道德的说法正确的是（   ）。

   A. 各行业的职业道德形式是统一的

   B. 职业道德是各行各业对社会所负的道德责任与义务

   C. 职业道德靠从业人员自觉遵守，没有强制性

   D. 职业道德不断发展变化，缺乏稳定性

   答案：B

二、多项选择题

1. 下列哪一项不属于职业道德特点的有（   ）。

   A. 职业性

   B. 稳定性

   C. 多样性

   D. 强制性

   答案：ABC

2. 下列关于职业道德的说法正确的有（   ）。

   A. 职业道德往往表现为世代相袭的职业传统

   B. 各个行业的职业道德形式是一样的

   C. 良好的职业道德可以调节人际关系

   D. 良好的职业道德可以促进事业发展

   答案：ACD

第二节 职业道德守则

一、遵章守法，严谨求实

劳动关系协调人员在调解工作中，应严格遵守"遵章守法，严谨求实"的原则。所有调解活动必须依法开展，即调解范围、程序步骤、工作方法必须符合有关法律、法规、规章和政策的规定。劳动关系协调工作关系到劳资双方的切身利益，只有以严谨求实的工作作风、精湛娴熟的业务水平、以人为本的服务理念，才能使劳动关系健康发展。在协调过程中必须以事实为依据，以法律为准绳。

二、以人为本，客观公正

劳动关系协调人员在对劳动争议调解时，必须坚持"以人为本、客观公正"的原则。即受理劳资纠纷基于双方当事人自愿，如果当事人不愿意接受调解，或者不愿意接受某个组织和个人的调解，或者有一方当事人不愿意接受调解，均不能强迫。在调解过程中应坚持客观公正原则，对当事人必须进行耐心细致地劝解、开导、说服，不允许采取歧视、强迫、偏袒和压制的办法。经充分征求双方当事人意见后达成的协议，其是非界限、责任承担、权利义务内容，必须由当事人自愿接受，不得强加于人。

三、积极主动，热情服务

劳动关系协调工作涉及面广、利益复杂、协调困难，这就更需要劳动关系协调人员积极主动，热情服务。劳动关系协调人员要积极主动地了解劳动关系状况，认真查找问题，及时化解矛盾纠纷，为劳资双方当事人提供热情周到的服务。

四、和谐至上，合作共赢

和谐劳资关系是和谐社会的基础，利益共享是和谐劳资关系的法宝，建立利益共享的和谐劳资关系是构建和谐社会的重要保障。在劳动关系协调工作中，首先，要使劳资双方树立"和谐至上、合作共赢"的观念。深刻理解企业员工相互依存的道理，企业要以人为本，利益共享；员工自觉参与企业制度文化建设。其次，要建立科学合理的激励机制。员工是价值的创造者，同时也应该是价值的分享者，建立利益分享的激励机制是和谐劳资关系的必由之路。最后，还应强化企业的社会责任。对员工负责，关爱员工是企业承担社会责任的第一要素，是企业能够长久发展的内在动力。应将企业和员工的长远发展联系起来，实现员工与企业的共同成长。

辅导练习题

一、单项选择题

1. 劳动关系协调人员进行协调时把自己的意愿强加于当事人，违背了哪条职业道德守则？（　　）

A. 规范、公正、合理

B. 遵章守法，严谨求实

C. 公平自愿

D. 以人为本，客观公正

答案：D

2. 劳动关系协调人员进行协调时违背国家劳动政策、法律法规调解劳动争议，违背的职业道德准则是（　　）。

A. 规范、公正、合理

B. 遵章守法，严谨求实

C. 公平自愿

D. 以人为本，客观公正

答案：B

二、多项选择题

1. 下列关于劳动关系协调人员的职业操守的说法正确的有（　　）。

A. 劳动关系协调人员应树立和强化现代劳动关系协调意识

B. 劳动关系协调人员应担任当事人的代理人

C. 劳动关系协调人员应当讲诚信

D. 劳动关系协调人员应当树立良好的时间观念

答案：ACD

2. 职业道德守则包括（　　）。

A. 遵章守法，严谨求实

B. 以人为本，客观公正

C. 积极主动，热情服务

D. 创造和谐，劳资共赢

答案：ABC

第三节 劳动关系协调员职业操守

　　劳动关系协调员的职业操守，是指劳动关系协调人员在执业劳动关系协调工作所应具有和表现的良好品德和行为。恪守职业操守，这既是一个正派人道德水准的集中表现，也是劳动关系协调职业的客观要求。正如罗曼·罗兰所说："用一双干净的手和一颗纯洁的心去战斗，用自己的生命去发扬神圣的正气，这便是优美的事情。"由于我国现代劳动关系协调制度建立时间不长，有待完善的地方还不少，尤其劳动关系协调人员队伍良莠不齐，部分劳动关系协调人员不懂、漠视甚至故意违反职业道德，影响了劳动关系协调人员、劳动关系协调机构的形象和劳动关系协调法律制度的顺利推行。因此，倡导树立劳动关系协调人员的职业操守是非常必要的。结合我国劳动关系协调工作实际，我们认为应该从以下几个方面作出努力。

一、树立和强化现代劳动关系协调意识

现代劳动关系协调意识是指按照市场经济的要求，以高度的责任心和完善的服务，及时、公正、快捷地协调劳动关系纠纷，将当事人的损失最小化，最大限度地恢复和维护当事人的利益。它要求我们充分实现劳动关系协调优势，牢牢把握"中立、平等、公正、高效、和谐、文明"的原则，始终保持高尚的人格和气节，避免出现以下情形：一是草率办案；二是"传统诉讼式"办案；三是超审限办案。

二、以公正办事实现公平正义

公正是包括劳动关系协调在内解决争议方式均应遵循和追求的价值目标，也是当事人寻求解决争议时最主要的心理期待。劳动关系协调人员作为裁判者，必须要强调公心，不谋私利，决不以牺牲法律的公正、劳动关系协调人员的名誉、劳动关系协调机构的信誉和当事人的利益来换取人际关系和物质利益。特别要注意这样几个问题：一是"关系案"问题，即要求劳动关系协调人员向理不向人、关系服从规定，决不以关系的大小远近定案，把个人和小集团利益置于良心、法律和当事人利益之上；二是泄密问题，即劳动关系协调人员应当严格保守劳动关系协调秘密，不得对外界透露案情、审理过程、案件涉及的商业秘密等，不得向当事人透露本人对案件的看法和劳动关系协调庭合议的情况；三是吃请收礼问题，即劳动关系协调人员应当避免接受当事人、代理人请客送礼。

三、坚持中立，不要做当事人的"代理人"

劳动关系协调人员在协调过程中，无论是当事人双方共同选定，还是一方当事人选定，我们必须清醒地认识并始终牢牢把握住一个基本的立场：中立与独立，决不做当事人的"代理人"。

四、讲诚信，守纪律

"八荣八耻"是国家对每个公民思想和行为的具体要求。对劳动关系协调人员来说，法律和当事人赋予的劳动关系协调权，从本质上说是因当事人的信任而产生的，劳动关系协调人员只能以诚信报答当事人的信任，依法公平断案，才能对得起当事人，对得起法律，对得起自己的良心。从另一方面说，诚信是一个人最起码的人格，倘若一名劳动关系协调人员不诚实或有欺诈的行为被揭露出来，那么他将终生背负着人格低劣的污点，其信誉将一败涂地。所以，劳动关系协调人员要以法律法规为行动指南，牢固树立"诚信为本、操守为重"的观念，应做到以下几点：一是珍惜和维护职业声誉；二是严格遵守工作纪律；三是随时履行风险告知义务；四是自我宣传要适当。

五、关注当事人

许多劳动关系协调案件的当事人在签订劳动关系协调条款的时候对劳动关系协调并不知晓，更谈不上了解。在发生纠纷后，往往是受律师或法院的指点才来到劳动关系协调机构。对这些当事人来说，劳动关系协调机构、劳动关系协调人员乃至劳动关系协调的一切都是新鲜的。要使劳动关系协调为当事人

所了解、接受和欢迎，让每一个当事人成为劳动关系协调制度的正面宣传员，我们劳动关系协调人员必须关注当事人。

六、言语仪表要恰当

劳动关系协调人员言语仪表要与手握劳动关系协调权力的劳动关系协调人员的身份相符合，尤其要慎言，努力做到以下四点：一是充分体现劳动关系协调的价值观念，平等地对待当事人双方；二是要善于引导当事人在有限的时间内陈清事实和理由，始终把握良好的陈述气氛，避免吵架式的辩论；三是要体现劳动关系协调人员个人的话语魅力；四是劳动关系协调文书应当体现劳动关系协调的特点。

七、树立良好的时间观念

劳动关系协调人员应当按时参加庭审，按时参加合议、现场调查及其他工作，无正当理由不得缺席、迟到、早退。但从实际情况看，劳动关系协调人员不按时参加合议、拒绝参加调查、庭审迟到、中途随意进出劳动关系协调庭甚至缺席现象不在少数。存在这种情况，即使案件结果没有什么问题，但办案本身是有缺陷的。从劳动关系协调人员不守时的三大危害，我们可以看出劳动关系协调人员守时的重要性。首先，劳动关系协调人员不守时损害了当事人的权益；其次，劳动关系协调人员不守时破坏公平；最后，劳动关系协调人员不守时破坏劳动关系协调的形象和法律尊严。

因此，劳动关系协调人员一定要守时，这既是工作的需要，也是人格的要求。

辅导练习题

一、单项选择题

1. 良好的职业道德的作用不包括（　　）。

   A. 调节人际关系

   B. 赢得职业声誉

   C. 促进身体健康

   D. 促进事业发展

   答案：C

2. 下列关于劳动关系协调人员的职业操守的说法不正确的是（　　）。

   A. 劳动关系协调人员应树立和强化现代劳动关系协调意识

   B. 劳动关系协调人员应担任当事人的代理人

   C. 劳动关系协调人员应当讲诚信

   D. 劳动关系协调人员应当树立良好的时间观念

   答案：B

3. 劳动关系协调人员向当事人透露本人对案件的看法和劳动关系协调庭合议的情况属于（　　）。

   A. 告知

   B. 违法

C. 义务

　　D. 泄密

　　答案：D

二、多项选择题

　　1. 劳动关系协调人员和谐至上，合作共赢的职业道德守则具体指（　　）。

　　A. 工资集体协商机制是保障

　　B. 劳资双方树立共赢和利益共享的观念

　　C. 劳资双方和谐共处的理念

　　D. 尊重人力资本的价值，建立利益分享的激励机制

　　答案：ABD

　　2. 树立和强化现代劳动关系协调意识应注意避免的情形有（　　）。

　　A. 违背调解双方意愿

　　B. 草率办案

　　C. "传统诉讼式"办案

　　D. 超审限办案

　　答案：BCD

劳动保障法律与政策

1. 理解法律与政策的区别和联系，掌握不同表现形式的劳动保障法律规范的效力层级。
2. 掌握劳动法律关系的要素，了解劳动行政法律关系和劳动服务法律关系的要素。
3. 了解劳动保障法律体系结构和基本制度的内容，掌握劳动保障法的基本原则。

第一节　劳动保障法律与政策概论

一、法律与政策

（一）法律的概念

法律是指由国家专门机关制定或认可，并由国家强制力保证实施的行为规范的总称。在我国法律有广义和狭义之分。狭义的法律仅指全国人大和全国人大常务委员会制定的规范性文件；广义的法律除了包括狭义的法律外，还泛指一切由国家制定或认可，并由国家强制力保证实施的行为规范。

（二）政策的概念

政策，即政治策略，通常是指一定政党、国家以及其他社会主体，为达到一定政治目标，处理国家事务、社会公共事务而提出并贯彻的路线方针、规范和措施的总称。政策可以由国家机关、政治团体、组织和政党等不同的主体提出。

（三）法律与政策的区别

法律和政策从根本上是一致的，即都是社会主义上层建筑组成部分，都服务于社会主义现代化，都以马列主义、毛泽东思想和中国特色社会主义理论体系为指导思想，但是二者在很多方面又有区别。

1. 制定的组织和程序不同

法律应由有权的国家机关制定，按照我国《立法法》的规定，不同国家机关制定规范性法律文件的权限区分非常明显，且必须遵守严格的立法程序，决不允许超出法律规定的范围。制定政策的主体则范围更广，除了国家机关外，还包括了执政党，且没有严格的程序限制，有些政策既是国家政策又是党的政策。

2. 实施方式不同

法律通过国家强制力保证实施，这是法律和其他社会规范最本质的区别。政策则主要通过宣传、教育等手段来实施。

3. 调整的范围不同

法律和政策的调整范围有很多交叉，但并不完全一致。有的问题只能由法律来规定，而有的问题不适合立法，只能通过政策来调整。

4. 稳定程度不同

法律的制定和实施都比较规范，且具有较高的稳定性和权威性，并不会朝令夕改。政策在制定和实施过程中都具有更大的灵活性，能够随着形势的变化而迅速做出调整，故其稳定性通常不如法律。

（四）法律与政策的联系

1. 政策指导法律

从立法精神和立法内容来看，政策尤其是党的政策不仅指导法的创制，还指导法的实施。执政党往往把自己推行的已经成熟的政策通过法定程序上升为国家意志，将政策转化为法律。法律是政策的定型化、规范化，又成为进一步实现政策的重要手段。

2. 法律制约政策

从法律的实施来看，政策应当受到法律的制约，不能违背法律。我国《宪法》明确规定："一切国家机关和武装力量、各政党和各社会团体、各企业事业组织，都必须遵守宪法和法律，一切违反宪法和法律的行为，必须予以追究。"当然，法律对政策的作用不仅仅体现在对政策的制约，还体现在通过法律的有效实施有力地促进和保障政策的施行。

二、劳动保障法律规范

劳动保障法律规范是一个庞大的体系，由于创制机关的不同，不同劳动保障法律规范的效力层级也不一样，具体表现为以下几种形式。

（一）宪法中的有关规定

宪法是国家的根本大法，由国家最高权力机关全国人民代表大会制定，规定国家的根本经济制度、政治制度和公民的基本权利和义务，在国家的法律体系当中具有最高的法律效力，一切法律、行政法规、地方性法规、规章等规范性法律文件都不得与宪法抵触。

（二）狭义的劳动保障法律

在我国，由全国人民代表大会及其常委会负责制定狭义的法律，其效力仅次于宪法。在劳动保障法律领域中，最重要的是《中华人民共和国劳动法》，这是我国有关劳动问题的基本法。另外还有一些法律虽然其本身并不归属于劳动保障领域，但其中也包含了调整劳动关系以及与劳动关系密切联系的其他社会关系的规范，也可以作为劳动保障法律的表现形式。

（三）劳动保障行政法规

行政法规是国务院为领导和管理国家各项行政工作，根据宪法和法律，并且按照《行政法规制定程序条例》的规定而制定的各类规范性法律文件的总称。行政法规一般以条例、办法、实施细则、规定等形式发布。它的效力次于法律、高于部门规章和地方法规。

（四）劳动保障部门规章

部门规章是指国务院各组成部门以及具有行政管理职能的直属机构根据法律和国务院的行政法规、决定、命令，在本部门权限内按照规定程序制定的规范性文件的总称。劳动保障领域的部门规章，也是劳动保障法律规范的重要表现形式。

（五）劳动保障地方性法规

在我国，依据宪法规定，由省、直辖市以及国务院规定的较大的市的人民代表大会及其常委会在不同宪法、法律、行政法规相抵触的前提下，可以制定地方性法规，报全国人民代表大会常务委员会备案。民族自治地方的人民代表大会有权依照当地民族的政治、经济和文化的特点，制定自治条例和单行条例，报全国人民代表大会常务委员会批准后生效。上述这些适用于本地区的地方性法规中的涉及劳动保障内容的法规，也都属于劳动保障法律规范的重要表现形式。

（六）劳动保障地方规章

地方规章，是指省、自治区、直辖市人民政府，省会及自治区政府所在地的市，经国务院批准的较大的市的人民政府根据法律、行政法规、地方性法规所制定的普遍适用于本地区的规范性文件的总称。我国存在着数量庞大的劳动保障地方规章，在各行政区域内发生法律效力，对于调整当地的劳动关系起到了重要作用。

（七）劳动保障法律解释

正式的法律解释包括立法解释、司法解释和行政解释，可以保证相关法律法规在适用过程中不产生歧义，具有更强的可操作性。

（八）劳动保障国际立法

有关国际组织按照法定程序制定或通过的国际公约、决议涉及劳动关系或劳动标准的内容，都属于劳动保障国际立法的范畴。凡经我国批准的国际劳动公约，除我国声明保留的内容外，我国有义务在国内实施。

三、劳动保障政策

（一）劳动保障政策的制定

在我国，劳动保障政策主要由各级劳动保障行政部门制定并实施。制定劳动保障政策应遵循党和国家的总体方针政策，其主要目的在于针对灵活多变的劳动保障领域客观情况，弥补法律实施的空白，并将政策实施的效果作为劳动保障立法的重要依据。国家将适时把经过实践检验行之有效的政策上升为法律规范。

（二）劳动保障政策的主要内容

常见的劳动保障政策主要包括以下几个方面的内容：劳动就业政策；社会保障政策；劳动关系政策；收入分配政策；其他劳动保障政策等。

辅导练习题

一、单项选择题

1. 下列劳动保障法律规范中，效力层级最低的是（　　）。

    A. 宪法中的有关规定

    B. 全国人大颁布的劳动保障法律

C. 全国人大常委会颁布的劳动保障法律

    D. 国务院颁布的劳动保障行政法规

    答案：D

2. 下列关于法律和政策区别的说法中，错误的是（　　）。

    A. 制定法律需遵循严格的程序，制定政策没有严格的程序限制

    B. 法律主要通过国家强制力保障实施，政策则主要通过宣传教育手段实施

    C. 法律和政策的调整范围有交叉，但并不完全一致

    D. 通常情况下，政策的稳定程度高于法律

    答案：D

3. 下列劳动保障法律规范中，效力层级最高的是（　　）。

    A. 宪法中的有关规定

    B. 全国人大颁布的劳动保障法律

    C. 全国人大常委会颁布的劳动保障法律

    D. 国务院颁布的劳动保障行政法规

    答案：A

4. 下列劳动保障法律规范中，属于狭义的劳动保障法律的是（　　）。

    A.《全国年节及纪念日放假办法》

    B.《职工带薪年休假条例》

    C.《中华人民共和国职业病防治法》

    D.《女职工劳动保护规定》

    答案：C

5. 下列关于劳动保障法律规范的说法中，正确的是（　　）。

    A. 对于有冲突的法律规范，先看其颁布时间，按"后法优于前法"的顺序来确定其效力

    B. 劳动保障地方性法规和地方规章只在各自行政区域内发生法律效力

    C. 我国有义务在国内实施所有的国际劳动立法

    D. 劳动保障行政规章是由国务院颁布的

    答案：B

二、多项选择题

1. 下列关于劳动保障法律规范的说法中，错误的有（　　）。

    A.《全国年节及纪念日放假办法》属于狭义的法律

    B. 劳动保障行政法规是由国务院的工作部门制定颁布的

    C. 劳动保障地方性法规是由地方人民政府颁布的

    D. 劳动保障司法解释对于实践工作具有很强的指导意义

    答案：ABC

2. 下列劳动保障法律规范中，属于狭义的法律的有（　　）。

    A.《女职工劳动保护规定》

    B.《失业保险条例》

    C.《中华人民共和国职业病防治法》

D. 《中华人民共和国矿山安全法》

答案：CD

第二节　劳动保障法律关系

一、劳动保障法律关系概述

（一）法律关系的概念

法律关系是指法律规范在调整社会关系过程中所形成的法律上的权利义务关系。各种法律关系均由主体、客体、内容三个要素组成。法律关系的建立必须有现实存在的法律规范作为依据。

（二）劳动保障法律关系的内涵

劳动保障法律关系是指劳动保障领域中当事人依据劳动保障法律法规而形成的权利和义务关系，包括了劳动法律关系、劳动行政法律关系和劳动服务法律关系。其中，劳动法律关系是基础关系，居于核心层次，劳动行政法律关系、劳动服务法律关系属于附属法律关系，居于辅助地位。

二、劳动法律关系

（一）劳动法律关系的概念

劳动法律关系是指劳动关系当事人之间在实现劳动过程中依据劳动法律规范所形成的劳动权利和劳动义务关系，它是劳动关系在法律上的表现。

劳动法律关系与劳动关系的联系在于劳动关系是劳动法律关系的现实基础，是劳动法律关系存在的客观依据和内容本身。也就是说，只有实际存在劳动关系才需要制定劳动法律，经过法律调整才形成权利义务关系。

劳动法律关系与劳动关系的区别在于：第一，劳动关系是一种社会物质关系，属于经济基础范畴，劳动法律关系是一种意志关系，属于上层建筑范畴。第二，劳动关系的形成以劳动的存在为前提，劳动法律关系的形成以劳动法律规范存在为前提。第三，劳动关系的内容是权利和义务，没有被劳动法律规范所调整的劳动关系只是一种客观存在的劳动关系，只有被劳动法律规范调整的劳动关系才具有权利义务的内容。

（二）劳动法律关系的特征

1. 劳动法律关系的主体具有特定性，即劳动法律关系的主体一方是劳动者，另一方是用人单位。

2. 劳动法律关系的主体双方具有平等性和隶属性。

3. 劳动法律关系的内容具有较强的国家干预性。

4. 劳动法律关系在社会劳动过程中形成和实现。

（三）劳动法律关系的要素

劳动法律关系的要素是指构成劳动法律关系不可或缺的组成部分。任何一种劳动法律关系都存在三个构成要素：劳动法律关系的主体、劳动法律关系的内容、劳动法律关系的客体。这三个要素缺一不可。

1. 劳动法律关系的主体

劳动法律关系的主体是指在实现社会劳动过程中依照劳动法律享有权利和承担义务的人。劳动法律关系的主体是构成劳动法律关系的第一要素，包括劳动者和用人单位。

（1）劳动者

劳动者作为劳动法律关系的主体一方，是指在法定劳动年龄内、具有劳动能力的公民，包括我国公民、外国公民和无国籍人。

（2）用人单位

用人单位作为劳动法律关系主体的另一方，包括企业、个体经济组织、国家机关、事业单位、社会团体、民办非企业单位等组织。

2. 劳动法律关系的内容

劳动法律关系的内容，是指劳动法律关系双方依法享有的权利和承担的义务。劳动法律关系主体依法享有的权利，是指劳动法律规范确认的主体享受权利和获得利益的可能性，具体表现为主体有权依法做出一定行为和不做出一定的行为，或者要求他人做出或不做出一定行为。劳动法律关系主体依法承担的义务，是指负有义务的主体依照劳动法律规范，为满足权利主体的要求，履行自己应尽义务的必要性，具体表现为义务主体依法做出一定的行为和不做出一定的行为，以保证权利主体的权利和利益能够实现。

3. 劳动法律关系的客体

劳动法律关系的客体，是指劳动法律关系双方的权利义务共同指向的对象。主体双方的权利义务必须共同指向同一对象，才能形成劳动法律关系。具体而言，劳动法律关系的客体是指劳动法律关系双方共同指向的劳动行为。

（四）劳动法律关系的产生、变更和消灭

1. 劳动法律关系产生、变更和消灭的条件

劳动法律关系和其他社会关系一样，其产生、变更和消灭是有一定规律的，需要具备的主要条件有两个，一个是劳动法律规范，另一个是劳动法律事实。

2. 劳动法律事实的种类

根据我国劳动法的规定，能够引起劳动法律关系产生、变更和消灭的劳动法律事实是多种多样的。按照其发生是否以行为人的意志为转移来划分，可以将其分为行为和事件两大类。

（1）行为

劳动法律事实中的行为是指劳动法规定，能够引起劳动法律关系产生、变更和消灭的人的有意识的活动。

（2）事件

劳动法律事实中的事件是指不以行为人（包括劳动者和用人单位）的意志为转移的法律事实。

三、劳动行政法律关系

（一）劳动行政法律关系的概念

劳动行政法律关系是指劳动行政主体和劳动行政相对人之间，为实现劳动法律关系而依据有关劳动行政法规而形成的权力（或权利）义务关系。劳动法律关系是调整劳动关系的基础关系，是劳动行政法律关系发挥作用的前提；劳动行政法律关系则为劳动法律关系提供国家保护，是劳动法律关系正常运行的保障。

（二）劳动行政法律关系的要素

1. 劳动行政法律关系的主体

劳动行政法律关系的主体是指劳动行政法律关系的参加者，它包括劳动行政主体和劳动行政相对人。

（1）劳动行政主体

劳动行政主体是指依法享有相关劳动行政职权，从事劳动行政管理活动，独立承担法律后果的行政组织。

（2）劳动行政相对人

劳动行政相对人是指在劳动行政法律关系中负有接受劳动行政义务的一方当事人。与劳动法律关系不同，劳动者和用人单位在劳动行政法律关系中都属于劳动行政相对人一方。

2. 劳动行政法律关系的内容

劳动行政法律关系的内容是指劳动行政主体与劳动行政相对人在劳动行政法律关系中享有的权力（权利）与所承担的义务。

3. 劳动行政法律关系的客体

由于劳动行政相对人较为多样，既包括劳动者，也包括用人单位，还包括劳动服务机构等。

四、劳动服务法律关系

（一）劳动服务法律关系的概念

劳动服务法律关系是指劳动服务主体与劳动者、用人单位之间在劳动服务过程中依据相关的法律规范而形成的权利义务关系。

（二）劳动服务法律关系的要素

1. 劳动服务法律关系的主体

劳动服务法律关系的主体，是劳动服务法律关系的参加者，指劳动服务法律关系中发生权利义务关系的双方当事人，包括劳动服务主体和劳动服务对象。

（1）劳动服务主体

劳动服务主体是为劳动者和用人单位提供劳动服务的一方当事人。劳动服务主体必须是法律规定的具备劳动服务权利能力和劳动服务行为能力的单位。

（2）劳动服务对象

劳动服务对象是劳动者和用人单位，他们都可以从劳动服务主体哪里获得相应的服务，只是服务的内容可能有所不同。

2. 劳动服务法律关系的内容

劳动服务法律关系的内容是指劳动服务主体与劳动服务对象之间因劳动服务的提供与接受而产生的各种权利和义务。

3. 劳动服务法律关系的客体

劳动服务法律关系的客体，即劳动服务行为。劳动服务主体与劳动服务对象的权利义务均是以劳动服务行为为指向的，没有劳动服务行为便没有相关的权利和义务，也就不会产生劳动服务法律关系。

辅导练习题

一、单项选择题

1. 下列狭义劳动保障法律中，颁布施行时间最早的是（　　）。

　A.《中华人民共和国劳动法》

　B.《中华人民共和国劳动争议调解仲裁法》

　C.《中华人民共和国劳动合同法》

　D.《中华人民共和国社会保险法》

　答案：A

2. 下列关于劳动法律关系与劳动关系的区别的说法中，错误的是（　　）。

　A. 劳动关系是一种社会物质关系，劳动法律关系是一种意志关系

　B. 劳动关系的存在以劳动为前提，劳动法律关系的存在以劳动法律规范存在为前提

　C. 劳动关系的存在以劳动法律规范存在为前提，劳动法律关系的存在以劳动为前提

　D. 没有被劳动法律规范所调整的劳动关系只是一种客观存在的劳动关系

　答案：C

3. 在劳动保障法律体系中，有关劳动合同的法律制度属于（　　）。

　A. 劳动关系法

　B. 劳动标准法

　C. 劳动就业法

　D. 劳动管理法

　答案：A

4. 在劳动保障法律体系中，有关工作时间和休息休假的法律制度属于（　　）。

　A. 劳动关系法

　B. 劳动标准法

　C. 劳动就业法

　D. 劳动管理法

　答案：B

5. 下列关于劳动法律关系特征的说法中，错误的是（　　）。

　A. 劳动法律关系的主体双方具有平等性和隶属性

　B. 劳动法律关系的主体具有特定性

　C. 劳动法律关系的内容完全不受国家干预

　D. 劳动法律关系在社会劳动过程中形成和实现

　答案：C

二、多项选择题

1. 下列劳动保障法律规范中，属于国务院颁布的行政法规的有（　　）。

　A.《全国年节及纪念日放假办法》

　B.《集体合同规定》

C.《最低工资规定》

D.《女职工劳动保护规定》

答案：AD

2. 下列能够成为劳动法律关系主体的有（　　　）。

A. 张三，45 岁，身体健康，文化程度较低，仅会写自己的名字

B. 李四，32 岁，部分丧失劳动能力

C. 王五，17 岁，职高在校生，身体健康

D. 赵六，65 岁，退休职工，身体健康

答案：ABC

第三节　劳动保障法的基本制度

一、劳动保障法律体系

（一）劳动保障法律体系的概念

劳动保障法律体系，是指构成劳动保障法律部门不可缺少的相互间有内在联系的法律规范的统一整体。劳动保障法律体系应当是内容完整的，包括各种不可缺少的劳动法律制度，这些法律制度相互间基于劳动保障法律关系而联系在一起。

（二）劳动保障法律体系结构

劳动保障法律体系可从法律内容分为劳动管理法、劳动就业法、劳动关系协调法、劳动标准法、社会保障法、处理劳动争议程序法、劳动检查监督法、工会法等部分，如图 2—1 所示。

图 2—1　从法律内容划分劳动保障法律体系

除此以外，还可以从其他角度对劳动保障法律体系进行分类。例如根据法律性质划分，劳动保障法律体系由劳动实体法、劳动程序法和劳动监察法构成；根据法律职能划分，劳动法律体系由劳动标准法、劳动关系法、职业保障法构成。

二、劳动保障法的基本原则

（一）劳动保障法基本原则的概念

劳动保障法的基本原则，是国家劳动保障立法中所体现的指导思想和在调整劳动关系以及与劳动关系密切联系的某些社会关系时应遵循的基本准则。劳动保障法的基本原则，对劳动保障法的全部内容有

指导作用。它是总体上的指导思想，而不是对某一具体内容的指导。劳动保障法的基本原则对劳动保障立法、劳动保障执法、劳动保障法律解释以及劳动保障法的理论研究都是必须遵守的基本原则。

（二）劳动保障法基本原则的内容

1. 劳动既是公民权利又是公民义务原则

宪法规定，我国公民有劳动的权利和义务。这准确表述了劳动的法律性质和国家对劳动的基本态度，为劳动法调整劳动关系以及与其密切联系的其他社会关系确立了出发点。它表明，有劳动能力的公民从事劳动，既是行使国家赋予的权利，又是履行对国家和社会所承担的义务。

2. 保护劳动者合法权益原则

在我国宪法中，对公民作为劳动者所应享有的基本权利做了许多原则性规定，内容相当广泛，包括劳动权、劳动报酬权、劳动保护权、休息权、职业培训权、物质帮助权、企业民主管理权等。劳动保障法应当具体落实宪法的这些规定，使劳动者的合法权益受到全面、平等、优先和最基本的保护。

3. 劳动力资源合理配置原则

劳动关系作为劳动力与生产资料相结合的社会关系，亦即劳动力资源配置的社会形式。就此意义而言，劳动保障法也是劳动力资源配置法，当然要以实现劳动力资源配置合理化为己任。宪法所规定的劳动者各尽所能，即各个劳动者的劳动能力都得到充分的使用和发挥，理应成为劳动力资源配置的总目标。劳动者各尽所能，既直接表现劳动力资源被高效率使用，又意味着劳动平等的实现。所以，劳动保障法应当以此为目标，对劳动力资源的宏观配置和微观配置进行规范。

三、劳动保障法基本制度的内容

（一）促进就业制度

充分的就业和稳定的就业形势是保障人民生活，维持社会经济发展和社会安定的重要条件，因而为世界各国劳动法所规定。促进就业制度规定的主要内容有：国家促进就业的方针、促进就业的政策支持、公平就业、就业服务和管理、职业教育和培训、就业援助等。

（二）劳动合同制度

劳动合同是市场经济国家确立劳动关系的基本法律形式，因而劳动合同制度是劳动法的核心内容。劳动合同制度包括劳动合同的形式、种类、主要条款，劳动合同的订立、履行、变更、解除和终止的运行过程，违反劳动合同的法律责任等。

（三）集体协商与集体合同制度

集体协商与集体合同制度是缓和劳资矛盾、协调劳动关系、维护正常的劳动秩序与生产秩序的有效手段，因而为各国法律所认可，并成为劳动法的重要内容之一。集体协商制度包括协商的主体、对象和程序，以及在协商过程中对劳动者的保护，政府有关部门在集体协商中的作用等。集体合同制度包括集体合同的订立、变更、解除、形式和效力等内容。

（四）工时休假制度

工作时间和休息休假制度规定工作时间的种类、法定标准的工作时间、休息休假的种类、延长工作时间的限制等内容。

（五）工资制度

工资制度规定了工资的范围、工资分配的原则、用人单位的分配自主权、最低工资、工资支付的法律保障等内容。

（六）劳动保护制度

劳动保护制度包括劳动安全卫生制度和特殊劳动保护制度。劳动安全卫生制度规定劳动安全规程、劳动卫生规程、劳动安全卫生管理制度等内容。特殊劳动保护制度规定以女职工和未成年工为代表的特殊劳动者就业过程中的特殊保护、禁忌劳动的范围、定期的健康检查等内容。

（七）社会保险制度

社会保险制度是社会保障法律制度的重要组成部分，在社会保障法律体系中居于核心地位，是实现社会保障目标的基本纲领。社会保险制度对社会保险项目体系、实施范围与实施对象、经费来源、待遇标准、发放办法等内容做出法律规定，并且明确社会保险机构的性质和职能、社会保险的组织形式与地位、社会保险的管理与监督等事项。社会保险主要是通过向遇到各种风险的社会成员提供帮助而实现维护社会稳定、促进社会的进步发展功能，其目的是保障被给付者的基本生活需要，属于基本性的社会保障。

（八）社会救助制度

社会救助是国家和社会向难以维持最低生活水平的公民提供物质帮助，以确保其最低生活需要的一项制度。社会救助制度属于社会保障体系的最低层次，以实现社会保障的最低要求为目标。作为现代社会保障法的一个重要组成部分，社会救助制度与社会保险制度一同处于社会保障体系中的基础地位，但既不同于传统的济贫法，也不同于社会保险和社会福利制度。有了社会救助制度的配合，社会保险制度才能够发挥保障公民基本生活需求的效用；有了社会救助制度作为基础，社会福利制度才能发挥其进一步提高人民生活水平的功能。

（九）社会福利制度

社会福利制度是指国家和社会为保障和提升社会成员的生活质量，建设和提供生活便利设施，提供生活便利服务及提供适当经济补贴的一种社会保障制度。社会福利制度是社会保障体系中的最高层次，是实现社会保障的最高纲领和目标，其目的是增进群众福利，提高国民的物质文化和精神文化水平。

（十）社会优抚制度

社会优抚制度是国家以法定的形式和通过政府行为，对社会成员中有特殊贡献者及其家属实行的具有褒扬和优待抚恤性质的社会保障措施。社会优抚是一种补偿和褒扬性质的特殊社会保障，直接服务于国防建设和军队建设。社会优抚制度与其他社会保障制度最根本的不同之处在于其保障对象的特殊性，它是针对社会特殊对象所实行的优待抚恤。作为优待措施，包括政治、经济方面的优待；作为抚恤措施，包括抚慰和赈恤，其中抚慰即给优抚对象以政治荣誉和精神上的安慰，赈恤即给予钱款或物质帮助。

（十一）劳动争议处理制度

劳动争议处理制度是化解劳资纠纷、协调劳动关系的重要途径。劳动争议处理制度主要包括劳动争议的受案范围、劳动争议的处理方式、劳动争议的处理机构、劳动争议处理程序等内容。

（十二）劳动保障监察制度

劳动保障监察是指享有监察权的国家专门行政机关，对用人单位执行劳动法律法规的情况依法进行监督检查的活动，以确保劳动法律制度的确实贯彻实施。劳动监察制度主要规定劳动监察机构及其职权、劳动监察范围、劳动监察程序等内容。

辅导练习题

一、单项选择题

1. 下列能够成为劳动法律关系主体的是（   ）。
   A. 甲，45 岁，部分丧失劳动能力
   B. 乙，32 岁，完全丧失劳动能力
   C. 丙，15 岁，在校生，聪明伶俐
   D. 丁，65 岁，退休职工，身体健康
   答案：A

2. 下列不属于我国劳动就业政策总体方针的是（   ）。
   A. 劳动者自主择业
   B. 市场调节就业
   C. 国家包揽就业
   D. 政府促进就业
   答案：C

3. 在劳动过程中，当安全与生产发生冲突时，应当坚持安全重于生产的，体现了劳动保障法的（   ）原则。
   A. 平等保护
   B. 优先保护
   C. 全面保护
   D. 基本保护
   答案：B

4. 我国颁布《女职工劳动保护规定》，对女职工实行特殊保护，体现了劳动保障法的（   ）原则。
   A. 平等保护
   B. 优先保护
   C. 全面保护
   D. 基本保护
   答案：A

二、多项选择题

1. 下列哪些内容包含在劳动保障法律体系中？（   ）
   A. 劳动标准法
   B. 劳动关系协调法
   C. 工会法
   D. 选举法
   答案：ABC

2. 劳动保障法的基本原则之一是保护劳动者合法权益，下列对其涵义得理解正确的有（   ）。
   A. 劳动关系建立以前和劳动关系终止以后，劳动者的权益也应该保护

B. 全体劳动者的合法权益都平等地受到劳动保障法的保护

C. 对特殊劳动者实行的特殊保护，违背了平等保护的精神

D. 在特定条件下，当对劳动者利益的保护与对用人单位利益的保护发生冲突时，劳动保障法应优先保护劳动者利益

答案：ABD

3. 劳动服务法律关系的主体包括（　　　）。

A. 劳动服务主体

B. 劳动服务对象

C. 劳动行政主体

D. 劳动行政相对人

答案：AB

 **第三章**

劳动关系

学习目标

1. 掌握劳动关系的定义，理解劳动关系管理与人力资源管理的区别。
2. 重点掌握劳动合同的内容和订立原则，了解劳动合同的立法概况。
3. 掌握集体协商与集体合同的概念、关系，了解集体协商与订立集体合同的基本程序。
4. 理解劳动规章制度的重要性，了解规章制度的实施机制。
5. 了解我国职工参与制度的形式。
6. 掌握劳资冲突的概念，理解冲突同纠纷的不同，了解冲突管理系统的产生过程及其特征。

第一节　劳动关系基础理论

一、劳动关系

（一）劳动关系概述

劳动关系是指劳资双方在工作场所中形成的用工关系（employment relations）。一般而言，劳资双方基于劳动合同而形成的用工关系属于个别劳动关系；劳资双方基于集体合同而形成的劳动关系是指集体劳动关系。劳动关系具有平等性和隶属性两个基本特点。

（二）劳动关系的历史发展

1. 资本主义原始积累时期

资本主义原始积累阶段是资本主义劳动关系的形成时期，劳动关系表现为直接的剥削，充斥着暴力与强制。封建贵族、商人通过原始积累蜕变为资本家，而劳动者则在圈地运动、殖民掠夺和奴隶贸易的暴力手段中变得一无所有。

2. 自由竞争资本主义时期

产业革命开始至 19 世纪上半叶为资本主义的自由竞争时期，此时的劳动关系特点表现为尖锐的阶级对抗和激烈的阶级冲突。劳资双方形成了直接对立的两大阶级，斗争焦点集中于劳动者最基本劳动条件的改善。劳工运动总体上处于分散、个别、局部的状态，尽管在一些行业中出现了最初的工人组织，但受到雇主和政府的强烈镇压。

3. 垄断资本主义时期

在垄断资本主义时期，政府对劳资关系采取了国家干预政策。随着工人力量的增强和工会运动的发展，劳资力量对比发生变化，集体谈判制度开始出现，成为解决劳资矛盾的有效途径。大量劳工立法出现，劳资矛盾有所缓和。

4. 当代资本主义时期

在第三次科技革命和社会改革浪潮的推动下，劳动关系总体态势呈现缓和趋势。民主参与成为劳动关系的重要内容，而三方格局的形成，立法体系、社会保障制度的不断完善为稳定劳资关系创造了有利条件，劳资争端的解决趋于制度化、法律化。

（三）劳动关系研究的基本视角

劳动关系研究主要存在三种基本视角，包括一元论视角、多元论视角和激进主义视角。

一元论视角强调劳资双方在本质上是和谐的，存在利益的一致性。当前，一元论的发展主要指人力资源管理范畴。其认为劳资冲突只是暂时的，可以通过内部管理改善解决，工会的存在是非必要的。

多元论视角以平衡各方利益为主要出发点，承认冲突的存在，但认为冲突并非完全不可调和。多元论视角认为通过一定手段可以达到劳资双方以及效率与公平之间的利益平衡，实现共赢的目的；工会为职工的合法代表，而有效的冲突管理可以将劳资冲突引导成为组织变革的积极力量。

而激进主义视角则源于马克思主义，其主张矛盾的内在性和本质性，认为劳资双方存在根本上的利益冲突，无法通过规则加以解决，应当改变现有的社会制度和社会体制。

（四）劳动关系与劳务关系

劳务关系是指两个或两个以上的平等主体之间就劳务事项进行等价交换而形成的一种经济关系，一方提供劳动活动，而另一方支付约定报酬，双方是完全平等的民事法律关系。

劳动关系与劳务关系的区别具体表现在：

1. 法律依据不同

劳动关系由《中华人民共和国劳动法》和《中华人民共和国劳动合同法》进行调整和规范；劳务关系则通过《中华人民共和国民法通则》和《中华人民共和国合同法》加以调整，订立劳务合同的法定形式除了书面形式以外，还可以是口头形式或者其他形式。

2. 主体不同

劳动关系的主体一方应是符合法定条件的用人单位，而另一方只能是自然人；劳务关系的主体可以是两个或两个以上的平等主体，既可以是法人之间，也可以是自然人之间，还可以是法人（非法人组织）与自然人之间的关系。

劳动关系的主体之间不仅存在财产关系即经济关系，还存在着人身关系，即行政隶属关系；而劳务关系的主体之间只存在财产关系，双方在地位上更加平等。

3. 待遇不同

劳动关系中，用人单位向劳动者支付的工资应遵循按劳分配、同工同酬的原则，且符合当地最低工资规定；劳动者除获得工资报酬外，还有权获得用人单位提供的社会保险和其他福利。劳务关系中，一方当事人向另一方支付的报酬完全由双方协商确定，且一方当事人不存在必须承担另一方当事人社会保险的义务。

二、劳动关系管理

（一）劳动关系管理概述

劳动关系管理是对劳资双方在工作场所形成的用工关系的管理，包括微观劳动关系管理和宏观劳动关系管理两个方面。微观劳动关系管理主要指基于工作场所的企业劳动关系管理；宏观劳动关系管理则主要包括行业劳动关系管理、区域劳动关系管理和国家劳动关系管理三个方面。

劳动关系管理和人力资源管理的侧重点和出发点不同。客观中立是劳动关系管理的价值出发点，而人力资源管理则主要从维护雇主利益出发。

表3—1整理列出了卡夫曼（2001）认为的劳动关系管理与人力资源管理的主要不同。

表3—1　劳动关系管理与人力资源管理

	人力资源管理	劳动关系管理
1. 劳动问题	由雇主解决劳动问题	劳资双方共同解决
2. 视角	一元论视角	多元论视角
3. 主要目标	组织的效益/效率	组织效益/效率与员工福利相结合
4. 雇员利益	以工具性方法提高雇员的利益	把雇员利益视为重要的独立的目标
5. 焦点	建立雇主、雇员间的利益共同体	主要考虑利益冲突问题的解决
6. 冲突	冲突非不可避免，管理实践可以减少冲突	冲突是不可避免的，且需要第三方的干预
7. 管理人员、工会与政府	管理人员为管理成果主要贡献者，工会和政府只是偶尔需要，且会对管理造成限制	管理人员的管理成果只有在工会和政府立法的辅助下才起作用

资料来源：Kaufuman, Bruce E., Human Resources and Industrial Relations Commonalities and Difference, *Human Resource Management Review*, Vol. 11 Issue 4, p.339.

（二）企业劳动关系管理

1. 劳动关系的建立

《劳动合同法》第七条规定，用人单位自用工之日起即与劳动者建立劳动关系。

从企业劳动关系管理角度来看，劳动关系的建立涉及劳动关系的认定标志，包括核心标志与形式标志。

核心标志是认定劳动关系是否存在的决定性因素，包括劳动力由他人使用、劳动组织关系、组织从属性及人身关系。一般而言，核心标志只要具备一种就同时具备了其余三种。

形式标志是认定劳动关系是否存在的辅助性因素，包括劳动者资格、雇主资格、书面劳动合同、劳动给付、工资性报酬等。具备劳动关系的形式标志，并不能当然地认定当事人之间存在劳动关系，还需要进一步剖析其是否具备核心标志。

2. 劳动关系的维系

（1）岗位管理。岗位管理包括岗位设计、岗位分析和岗位评价三方面内容，是维系劳动关系的首要方式，也是基础。

（2）技能培训。技能培训是企业根据实际工作需要，为提高员工实现企业目标所需的知识、技能水平而对员工实施的培养和训练。技能培训有利于避免因员工个人能力与岗位要求脱节而导致的劳动关系问题，有助于生产效率和工作质量的提高。

（3）激励制度。激励制度是企业通过多种方式激发员工潜能、增加员工满足感，引导员工实现个人发展目标与企业战略相一致的特定行为过程。激励制度是激发员工工作积极性与创造性，维持良好劳动关系的重要途径之一。

（4）职业发展。完善的职业发展包括自我评估、环境分析、职业定位、目标确定、策略实施、评估与校正六个步骤。职业发展制度有利于实现企业和员工的持续共赢，构建长期和谐的劳动关系。

（5）冲突管理。冲突管理系统是组织中应对内部工作场所冲突的制度和机构，强调冲突各方的积极参与，其最终目标是提高劳动者的满意度与工作效率，并为组织战略的执行和实现做出贡献。

3. 劳动关系的解除与终止

劳动关系的解除或终止包含辞职、退休、解雇等多种形式。[①]

（1）辞职。辞职是指劳动者单方解除劳动合同的行为。根据劳动者辞职前是否提前告知企业，可分为预告辞职和即时辞职。

（2）退休。退休是指劳动者因年老或因工因病致残而完全丧失劳动能力，进而退出工作岗位的行为。我国法定退休年龄为男性年满 60 周岁，女性工人年满 50 周岁，女性干部年满 55 周岁。

（3）解雇。企业解雇员工分为预告解雇、即时解雇和经济性裁员。

预告解雇是指在法律法规规定的几种情形下，企业向员工预告后将其解雇以终止劳动关系的行为。即时解雇则属于过失性辞退，即在劳动者有过错的情况下，企业可随时通知解除劳动合同，终止劳动关系。经济性裁员区别于解雇单个劳动者，是因企业单方面的原因，而集中辞退劳动者的行为。为体现保护劳动者合法权益的法律精神，我国的法律法规对企业的裁员行为，尤其是经济性裁员行为，进行了适当的约束。

买断指买断工龄，为预告解雇的一种特殊情况。其多出现于国有企业改制中，指政府与国有企业参照职工的工作年限、工资水平、工作岗位等条件，向职工进行一次性经济补偿，以解除职工与原国有企业劳动关系的一种政策性行为。

4. 战略劳动关系管理

战略劳动关系管理是企业为实现企业与员工的共同发展所进行和采取的一系列有计划、具有战略性意义的劳动关系部署和管理行为。在经济全球化和我国经济结构战略性调整的新形势下，企业应从战略高度思考劳动关系管理问题。

战略劳动关系管理研究的核心问题是如何通过对企业劳动关系的有效管理，实现劳动关系与组织目标的纵向契合与横向匹配，获取竞争优势，改善组织绩效，最终实现企业与员工的共同发展。

要实现战略劳动关系管理，应立足于合法、合情、合理三个层面[②]。合法层面指企业劳动关系管理应遵守现行的劳动法律法规；合情层面主要是指劳动关系管理实践要在劳资双方相互依存和相互尊重两大核心理念的基础上，以人为本，把员工视为企业的利益相关者，进行动态的人性化管理，其目的是确保企业用工过程的平滑性和可预见性，实现劳动关系的健康和谐，化解劳动争议，避免劳动冲突；合理层面则指企业应通过科学的劳动关系管理，提高经济运行效率，获取竞争优势，实现企业的可持续发展。

---

① 注：这里并未穷尽劳动关系解除与终止的所有情况，仅就几项情况做了简要介绍。

② 唐鑛：《战略劳动关系管理》，复旦大学出版社 2011 年版。

辅导练习题

一、单项选择题

1. 一般而言，劳资双方基于劳动合同而形成的用工关系属于（ ）。

A. 集体劳动关系

B. 个别劳动关系

C. 劳务关系

D. 劳资关系

答案：B

2. 一般而言，劳资双方基于集体合同而形成的用工关系属于（ ）。

A. 集体劳动关系

B. 个别劳动关系

C. 劳务关系

D. 劳资关系

答案：A

3. （ ）是劳资双方在工作场所中形成的用工关系。

A. 集体劳动关系

B. 个别劳动关系

C. 劳动关系

D. 劳务关系

答案：C

4. （ ）以平衡各方利益为主要出发点，承认冲突的存在，但认为冲突并非完全不可调和。

A. 一元论

B. 多元论

C. 激进主义

D. 以上全都是

答案：B

5. （ ）主要指基于工作场所的企业劳动关系管理。

A. 国家劳动关系管理

B. 区域劳动关系管理

C. 行业劳动关系管理

D. 微观劳动关系管理

答案：D

二、多项选择题

1. 劳动关系的基本特点包括（ ）。

A. 隶属性

B. 公平性

C. 平等性

D. 自愿性

答案：AC

2. 劳动关系的基本特点不包括（　　）。

A. 隶属性

B. 公平性

C. 民事性

D. 自愿性

答案：BCD

第二节　劳动合同制度

一、劳动合同

（一）劳动合同概述

《劳动法》第十六条规定："劳动合同是劳动者与用人单位确立劳动关系、明确双方权利义务的协议。"《劳动合同法》第三条规定："订立劳动合同，应当遵循合法、公平、平等自愿、协商一致、诚实信用的原则。依法订立的劳动合同具有约束力，用人单位与劳动者应当履行劳动合同约定的义务。"

（二）劳动合同基本内容

《劳动合同法》第十七条规定，劳动合同应当具备以下条款：

"（1）用人单位的名称、住所和法定代表人或者主要负责人；（2）劳动者的姓名、住址和居民身份证或者其他有效身份证件号码；（3）劳动合同期限；（4）工作内容和工作地点；（5）工作时间和休息休假；（6）劳动报酬；（7）社会保险；（8）劳动保护、劳动条件和职业危害防护；（9）法律、法规规定应当纳入劳动合同的其他事项。

劳动合同除前款规定的必备条款外，用人单位与劳动者可以约定试用期、培训、保守秘密、补充保险和福利待遇等其他事项。"

（三）劳动合同基本作用

劳动合同是确立劳动关系的法律形式，对于保障劳动者的合法权益，促进用人单位的合理用工以及构建社会和谐劳动关系都起到积极的推动作用；而以《劳动法》为基础，《劳动合同法》等为骨干的法律体系的基本形成则推动了劳动关系法治建设的重大发展。劳动合同的基本作用还包括：有利于尊重劳动，保护劳动者权益；有利于维护用人单位合法权益；有利于构建社会主义和谐社会。

（四）劳动合同立法概况

涉及劳动合同的法律法规主要包括《中华人民共和国劳动法》，《中华人民共和国劳动合同法》以及《中华人民共和国劳动合同法实施条例》。1994年7月5日第八届全国人大常委会第八次会议通过的《劳动法》，该法于1995年1月1日起施行。2007年6月29日第十届全国人大常务委员会第二十八次会议通过的《劳动合同法》是关于劳动合同制度的专门法律，于2008年1月1日起施行，成为劳动合同制度的主要法律依据。2008年9月18日国务院公布的《中华人民共和国劳动合同法实施条例》，则针对《劳动合同法》的贯彻实施进行了部分条文的补充说明，涉及劳动合同的订立、解除和终止、劳务派遣特别规定以及法律责任等方面，对推进《劳动合同法》实施，实现劳动关系的规范有序发展具有十分重要的作用。

二、劳动合同管理

（一）劳动合同的订立

订立劳动合同，是指劳动者和用人单位经过相互选择和平等协商，就劳动合同条款达成协议，从而明确相互权利义务的法律行为。《劳动合同法》第三条第一款规定："订立劳动合同，应当遵循合法、公平、平等自愿、协商一致、诚实信用的原则。"因此，订立劳动合同，需符合合法原则、平等原则以及自愿原则。

需要注意的是，应当区别订立劳动合同与建立劳动关系。所谓劳动关系的建立，是指劳动者与用人单位实际发生劳动关系，亦即劳动关系在事实上开始存续。只有在订立书面劳动合同与开始用工同时的情况下，订立劳动合同才与开始用工一起成为劳动关系建立的标志。

（二）劳动合同的履行与变更

1. 劳动合同的履行

劳动合同的履行，是指合同当事人双方履行劳动合同所规定义务的法律行为，亦即劳动者和用人单位按照劳动合同的要求，共同实现劳动过程和各自合法权益。劳动合同的履行，应遵循亲自履行、全面履行以及协作履行等原则。

2. 劳动合同的变更

劳动合同的变更，是指当事人双方依法修改或补充劳动合同内容的法律行为，发生于劳动合同生效或成立后尚未履行或尚未完全履行期间。

（三）劳动合同的解除与终止

1. 劳动合同的解除

劳动合同的解除是指劳动合同依法订立之后，尚未全部履行之前，因为一定法律事实的出现，合同双方当事人或一方当事人依法提前终止劳动合同的法律效力的行为。

2. 劳动合同的终止

劳动合同终止是指劳动合同的法律效力依法被消灭，即劳动关系由于一定法律事实的出现而终结，劳动者与用人单位之间原有的权利义务不再存在。

辅导练习题

一、单项选择题

1.（　　）是劳动者与用人单位确立劳动关系、明确双方权利义务的协议。

　　A. 劳动合同

　　B. 集体合同

　　C. 劳务合同

　　D. 民事合同

　　答案：A

2. 用人单位是指依法签订劳动合同，招用和管理劳动者，并按法律规定或合同约定向劳动者提供劳动条件、劳动保护和支付劳动报酬的（　　）。

　　A. 自然人

　　B. 法人

　　C. 劳动组织

　　D. 企业

　　答案：C

3. 社会保险是劳动合同的（　　）。

　　A. 必备条款

　　B. 约定条款

　　C. 附加条款

　　D. 不属于劳动合同的内容

　　答案：A

4. 劳动合同的履行，应遵循亲自履行、全面履行以及（　　）履行等原则。

　　A. 强制

　　B. 详细

　　C. 及时

　　D. 协作

　　答案：D

二、多项选择题

1. 以下说法错误的有（　　）。

　　A. 依法订立的劳动合同具有约束力

　　B. 劳动者需具有劳动权利能力和劳动行为能力

　　C. 劳动合同以维护劳动者权利为主

　　D. 劳动合同的订立不得违背用人单位的规章制度

　　答案：CD

2. 劳动合同的双方当事人为（　　）。

　　A. 用人单位

　　B. 用工单位

　　C. 劳动者

　　D. 员工

　　答案：AC

第三节　集体协商和集体合同制度

一、集体协商与集体合同

（一）集体协商与集体合同概述

1. 集体协商

集体协商是指劳动者通过自己的组织（在我国仅指工会）或代表与相应的雇主、雇主组织或者其代表为签订集体合同或专项集体合同进行商谈的行为。在我国，为了减轻集体谈判语义中所包含的强烈的对抗性，把集体谈判称为集体协商，也称为平等协商。

2. 集体合同

集体合同（collective agreement），是指用人单位与本单位职工根据法律、法规、规章的规定，就劳动报酬、工作时间、休息休假、劳动安全卫生、职业培训、保险福利等事项，通过集体协商签订的书面协议。[①] 一般分为集体合同和专项集体合同两种形式。

3. 集体协商与集体合同

集体协商是订立集体合同的法定必经程序和实现方式，集体合同则是集体协商的一种法律结果。未经集体协商而签订的集体合同是无效合同，集体协商的水平直接影响着集体合同的质量及其可行性。

（二）集体协商与集体合同基本内容

概括而言，集体协商的内容一般可以分为三大块：实质性规则、程序性规则和工作安排。

《集体合同规定》第八条："集体协商双方可以就下列多项或某项内容进行集体协商，签订集体合同或专项集体合同：（1）劳动报酬；（2）工作时间；（3）休息休假；（4）劳动安全与卫生；（5）补充保险和福利；（6）女职工和未成年工特殊保护；（7）职业技能培训；（8）劳动合同管理；（9）奖惩；（10）裁员；（11）集体合同期限；（12）变更、解除集体合同的程序；（13）履行集体合同发生争议时的协商处理办法；（14）违反集体合同的责任；（15）双方认为应当协商的其他内容。"

（三）集体协商与集体合同基本作用

集体协商机制主要包含两项基本制度，一项是集体协商制度（也称平等协商制度），另一项是集体合同制度。集体协商和集体合同制度是社会主义市场经济条件下调整劳动关系的重要法律制度。加强集体协商和集体合同制度建设，对于促进企业发展、维护职工权益、构建和发展和谐稳定的劳动关系具有重要促进作用。[②]

（四）集体协商与集体合同立法概况

目前，我国关于集体协商与集体合同的签订的主要法律法规有《劳动法》、《劳动合同法》、《工会法》、《集体合同规定》、《工资集体协商试行办法》等。

---

① 劳动部颁布的《集体合同规定》（中华人民共和国劳动和社会保障部令第 22 号）集体合同定义。
② 《关于深入推进集体合同制度实施彩虹计划的通知》（人社部发〔2010〕32 号）。

二、集体协商与集体合同管理

（一）集体协商与签订集体合同的原则

《集体合同规定》第五条规定，进行集体协商，签订集体合同或专项集体合同，应当遵循下列原则：（1）遵守法律、法规、规章及国家有关规定；（2）相互尊重，平等协商；（3）诚实守信，公平合作；（4）兼顾双方合法权益；（5）不得采取过激行为。

（二）集体协商与订立集体合同的基本程序

根据《劳动合同法》《集体合同规定》和《工资集体协商试行办法》等法律、法规、政策的规定，集体协商和订立集体合同的程序包括：（1）产生集体协商代表；（2）提出协商要约；（3）做好协商的准备；（4）正式协商；（5）职工（代表）大会讨论通过；（6）首席代表签字；（7）审查备案；（8）公布实施；（9）履行；（10）监督检查。

（三）集体合同的履行、变更、解除与终止

1. 集体合同的履行

集体合同的履行，是指集体合同当事人按照合同的约定，在适当的时间、地点，用适当的方法，全面完成各自承担的义务。履行集体合同应当遵循实际履行、全面履行和协作履行的原则。

2. 集体合同的变更或解除

集体合同的变更，是指在集体合同没有履行或没有完全履行之前，因订立集体合同所依据的主观和客观情况发生某些变化，当事人依照法律规定的条件和程序对原合同中的某些条款进行修改和补充。

集体合同的解除，是指集体合同没有履行或没有完全履行之前，因订立合同所依据的主客观情况发生变化，致使集体合同的履行成为不可能或不必要，当事人依照法律规定的条件和程序，终止原集体合同法律关系。

3. 集体合同的终止

集体合同期限一般为1年至3年，期满或双方约定的终止条件出现，即行终止。在有关集体合同的地方立法（如《北京市集体合同条例》）中，对于集体合同的终止条件有如下规定。

有下列情形之一的，集体合同终止：（1）用人单位依法破产、解散的；（2）双方约定的终止条件出现的；（3）集体合同期满后，一方不同意续订集体合同的。

（四）集体协商与集体合同履行的争议处理

集体协商过程中发生争议，双方当事人不能协商解决的，当事人一方或双方可以书面向劳动行政部门提出协调处理申请。集体协商争议处理实行属地管辖，应当按照以下程序进行：（1）受理协调处理申请；（2）调查了解争议情况；（3）研究制定协调处理争议的方案；（4）对争议进行协调处理；（5）制作《协调处理协议书》。

因履行集体合同发生的争议，当事人协商解决不成的，可以依法向劳动争议仲裁委员会申请仲裁；对仲裁裁决不服的，可向人民法院提起诉讼。

辅导练习题

一、单选题

1. 在集体协商和订立集体合同的程序中，经过职工（代表）大会讨论通过的集体合同，应当先进行以下哪个步骤？（　　）

　　A. 首席代表签字

　　B. 审查备案

　　C. 公布实施

　　D. 监督检查

　　答案：A

2. 在集体协商和订立集体合同的程序中，经过首席代表签字的集体合同，应当先进行以下哪个步骤？（　　）

　　A. 职工（代表）大会讨论通过

　　B. 审查备案

　　C. 公布实施

　　D. 监督检查

　　答案：B

3. 《工会法》第五十三条规定，无正当理由拒绝进行平等协商的，由（　　）责令改正，依法处理。

　　A. 县级以上人民政府

　　B. 市级以上人民政府

　　C. 省级以上人民政府

　　D. 人民法院

　　答案：A

4. 生效的集体合同，若无特别规定的，应适用于（　　）。

　　A. 用人单位的基层劳动者

　　B. 工会会员

　　C. 工会会员和支持该集体合同签订的劳动者

　　D. 用人单位各层次的劳动者

　　答案：D

二、多选题

1. 进行集体协商，签订集体合同或专项集体合同，应当遵循的原则包括（　　）。

　　A. 诚实守信，公平合作

　　B. 相互尊重，平等协商

　　C. 以保护劳动者利益为主要出发点

　　D. 必要时以罢工作为谈判筹码

　　答案：AB

2. 以下说法正确的有（　　）。

A. 集体协商是订立集体合同的法定必经程序和实现方式

B. 集体合同是集体协商的一种法律结果

C. 未经集体协商而签订的集体合同是无效合同

D. 集体合同的质量直接影响着集体协商的水平

答案：ABC

第四节　劳动规章制度

一、劳动规章制度

（一）劳动规章制度概述

1959年国际劳工组织将其定义为：企业界对工作规则、企业规则、服务规则、就业规范、职场纪律的统称，供企业的全体从业人员或大部分从业人员适用，专对或主要对就业中从业人员的行动有关的各种规定。同时，我国通过《劳动法》第四条第一款"用人单位应当依法建立和完善规章制度，保障劳动者享有劳动权利和履行劳动义务"对劳动规章制度做出规定。

需要指出的是，规章制度和劳动规章制度在实际工作中的区别不大。根据《劳动合同法》第四条要求，劳动规章制度应是由用人单位和劳动者双方平等协商确定。

因此，本书所指的劳动规章制度是用人单位依法制定并与劳动者代表双方平等协商确定，适用于本单位全体劳动者的各种规则和制度，旨在保障劳动者享有劳动权利、履行劳动义务。

（二）劳动规章制度与劳动合同的关系

企业的劳动规章制度和劳动合同都是确立劳资双方权利义务的重要依据，也是劳资双方共同意志的书面表达。因此从发挥的功能来看，企业的劳动规章制度和劳动合同都具有协调、调整企业劳动关系的作用。但是两者也存在明显的区别：

1. 参与主体不同

劳动合同的劳方主要是劳动者个人，规章制度的劳方的范围更广，主要是劳动者团体。根据劳动合同法的规定，企业在制定规章制度时应经过职工代表大会讨论，提出方案；而劳动合同的订立需要用人单位和劳动者遵循平等自愿、协商一致的原则共同订立。

2. 效力范围不同

企业规章制度规定的内容是集体性的，它规定的是本用人单位劳动者共同的权利和义务，因此，其效力范围包括某个员工群体；而根据《劳动合同法》第八条关于依法成立的合同，对当事人具有法律约束力的规定，劳动合同的效力范围仅适用于同企业签订劳动合同的单个劳动者。

3. 效力等级不同

《最高人民法院关于审理劳动争议案件适用法律若干问题的解释（二）》第二十六条规定："用人单位制定的内部规章制度与集体合同或者劳动合同约定的内容不一致，劳动者请求优先适用合同约定的，人民法院应予以支持。"因此当企业规章制度和劳动合同对同一事项做出规定且规定内容不一致时，这两者的法律效力是有所差别的。

4. 终止条件不同

企业规章制度的废止时间由用人单位和劳动者自行商定，法律对此并无具体规定，然而劳动合同的终止条件是法定的。

（三）劳动规章制度的作用

1. 劳动规章制度有利于统一企业劳动条件，预防和减少劳动争议。

2. 劳动规章制度有利于明确企业行为规范，维持企业正常运转。

3. 劳动规章制度是劳资双方维权的重要利器。

二、劳动规章制度管理

（一）劳动规章制度的效力

根据《最高人民法院关于审理劳动争议案件适用法律若干问题的解释》、《公司法》、《劳动合同法》等规定，规章制度的有效条件包括：

1. 制定主体合法

《劳动法》、《劳动合同法》的第四条都规定，用人单位应当依法建立和完善规章制度，尽管实践中，企业制定规章制度时通常会授权或委托人力资源管理、行政或战略规划等部门起草，但是规章制度一定是以企业的名义发布，否则将面临制定主体不合格的法律风险。

2. 制定内容合法、合理

规章制度的内容必须在现行法律法规的框架之内制定，不得违反法律、法规和政策的规定，《最高人民法院关于审理劳动争议案件适用法律若干问题的解释》和《劳动法》第四条都规定，指定的规章制度可以作为审理劳动争议案件的条件之一，就是不违反国家法律、行政法规及政策的规定。

3. 制定程序合法

在规章制度的制定过程中，凡是法律规定的必要程序都必须要严格遵守。我国在多部法律中，对企业规章制度制定的程序做出了具体的规定。

（二）劳动规章制度的制定原则和框架结构

企业作为生产经营的组织者和管理者，拥有对劳动者劳动力的管理权和支配权，制定规章制度是履行其管理权的具体方式之一。合法制定的规章制度具有法律效力，可以作为人民法院审理劳动争议案件的依据。因此，在企业规章制度的设计中应该兼具合法性、民主性、真实性、效能性，在具体操作中企业应当遵循合法原则、民主原则以及公平原则。根据相关法律条文通用的表述形式，可以将企业的劳动规章制度的框架结构可以分为前言、主文和附则三个部分。

（三）劳动规章制度实施

1. 规章制度实施主体、对象及原则

劳动规章制度的实施主体，即劳动规章制度的实施者，为企业行政，劳动规章制度由企业行政发布并负责在企业范围内贯彻落实。

劳动规章制度的实施对象为企业员工，员工有遵守劳动规章制度的义务。劳动规章制度所规范的是员工在劳动过程中的行为，其实施有赖于全体员工的遵守执行。

因此，劳动规章制度的实施是在企业行政主体的监督下，员工对劳动规章制度的遵守和执行。其目的通过规范员工的劳动行为，以保证正常的生产劳动秩序。为保障规章制度的客观性、准确性和公正性，应当在实施过程中遵守以下原则：（1）依章治企原则；（2）前后统一、全面实施原则；（3）各司其职、协作实施原则；（4）及时调整、合理实施原则。

2. 规章制度实施的重要机制

（1）规章制度执行的监督与处罚机制。

（2）规章制度信息完善反馈机制。

3. 规章制度实施的必要条件

（1）规章制度的有效性。

（2）规章制度的可操作性。

（3）实施机构的明确性。

（4）范围适用性。

辅导练习题

一、单选题

1. 劳动规章制度的劳方是（　　）。

    A. 劳动者个人

    B. 劳动者团体

    C. 工会会员

    D. 中低层劳动者

    答案：B

2. 企业规章制度规定的内容是（　　）。

    A. 个体性的

    B. 集体性的

    C. 权利性的

    D. 义务性的

    答案：B

3. 当企业规章制度和劳动合同对同一事项做出规定且规定内容不一致时，应当优先适用（　　）。

    A. 规章制度

    B. 合同约定

    C. 经职代会讨论决定具体依据

    D. 从"新"原则

    答案：B

4. 企业规章制度的废止时间由（　　）确定。

    A. 用人单位

    B. 劳动者

    C. 用人单位和劳动者商定

    D. 劳动合同法

    答案：C

5. 劳动规章制度适用于（　　）。

    A. 本企业中的所有劳动者

B. 管理人员

C. 非管理人员

D. 工会会员

答案：A

二、多选题

1. （   ）是确立劳资双方权利义务的重要依据，也是劳资双方共同意志的书面表达。

A. 劳动合同

B. 企业的劳动规章制度

C. 集体合同草案

D. 劳动法

答案：AB

2. 规章制度的有效条件包括（   ）。

A. 制定主体合法

B. 制定内容合法、合理

C. 制定程序合法

D. 废止时间需遵守法律具体规定

答案：ABC

第五节　职工参与制度

一、员工民主参与

（一）员工民主参与概述

员工民主参与可以定义为：员工通过一定的企业机构，介入管理决策的制定和实施，通过与管理层的交互作用，参与和影响管理行为的过程。

（二）员工民主参与的形式

考察员工民主参与的形式应从参与的程度、参与的层级及参与的目标三个因素着手。其形式主要包括：

1. 直接参与形式

直接参与形式，也叫"下行参与"。直接参与属于个人参与，是指员工个人直接参与管理方面的决策，或者参加企业组织内部的一些管理机构。

2. 间接参与形式

间接参与形式也叫"上行参与"。间接参与属于代表参与，是指员工通过代表参与决策，是建立在员工集体利益基础之上的。决策通常是属于较高层次的决策。

3. 分享制形式

（1）报酬分享制。这种制度以企业业绩为基础付给员工报酬，这一报酬是员工正常报酬的额外部分，而企业的业绩以利润水平、附加值、生产销售水平来衡量。

（2）组织所有权分享制。组织所有权分享制是通过直接给员工个人或代表员工利益的组织一定数量的股票形式，使员工分享企业利润。

二、中国职工民主参与

（一）中国职工民主参与的发展

1. 第一阶段：近代民族资本主义兴起至 1949 年

我国职工民主参与管理初创阶段始于土地革命战争时期，主要表现为中国共产党领导工会运动争取工人经济条件的改善，提高劳动者的经济待遇。

2. 第二阶段：1949 年到 20 世纪 70 年代末

20 世纪 50 年代，新中国成立前的工厂管理委员会和职工代表会议制度在新中国成立后得到了延续与发展，不仅公营企业，私营企业也采取了劳资协商会形式。

3. 第三阶段：改革开放以来至今

1979 年 5 月开始，首都钢铁公司等 8 家企业进行扩大企业经营自主权试点，其中涉及职工参与的主要内容有：企业在人事安排、职工奖惩等方面拥有一定的权力；实施党委领导下的厂长负责制，建立职工代表大会制度等。

（二）中国职工民主参与的形式

1. 职工代表制度

职工代表大会是我国职工民主参与管理的基本形式。职工代表大会的权力包括审议企业重大决策，监督行政领导，维护职工合法权益等。

2. 厂务公开制度

厂务公开制度是企业管理一方向本企业职工公开企业的重大决策、企业生产经营管理的重大事项、涉及职工切身利益和企业廉政建设的事项，接受职工监督的民主管理制度。

3. 职工董事、监事制度

职工董事、监事制度也称为董事会、监事会中的职工代表制，是公司制企业依照法律规定，选举一定数量的职工代表进入董事会、监事会，担任董事、监事，参加企业重大决策的制度。职工董事、监事由企业全体职工或职工代表民主选举、更换。

4. 集体协商制度

集体协商机制主要包含两项基本制度，一项是集体协商制度（也称平等协商制度），另一项是集体合同制度。

辅导练习题

一、单选题

1. 直接参与的形式总的说来适用于（　　）。

A. 较低层次的决策

B. 较高层次的决策

C. 战略决策

D. 所有层次的决策

答案：A

2. 财政分享制分享的是（　　）。

    A. 权力

    B. 权威

    C. 组织决策权

    D. 金钱

    答案：D

3. 通过直接给员工个人或代表员工利益的组织一定数量的股票形式，使员工分享企业利润的参与形式是（　　）。

    A. 下行参与

    B. 上行参与

    C. 报酬分享

    D. 组织所有权分享

    答案：D

4. （　　）参与制度以企业业绩为基础付给员工报酬。

    A. 下行参与

    B. 上行参与

    C. 报酬分享制

    D. 组织所有权分享制

    答案：C

5. 员工民主参与是指劳动者参与企业经营的（　　）。

    A. 操作

    B. 执行

    C. 管理

    D. 决策

    答案：D

二、多选题

1. （　　）是员工参与的财政形式。

    A. 直接参与

    B. 间接参与

    C. 报酬分享制

    D. 组织所有权分享制

    答案：CD

2. 以下说法错误的是（　　）。

    A. 直接参与的形式适用于较高层次的决策

    B. 间接参与形式适用于较低层次的决策

    C. 财政分享制是一种较高层次的产业民主形式

    D. 财政分享制分享的只是金钱，而不是权力或权威

    答案：ABC

第六节　劳资冲突

一、劳资冲突

（一）劳资冲突概述

1. 冲突与纠纷

所谓冲突是指在人群间、团队间或者国家间出现的一种意见不一致或争论的状态；而纠纷则是指严重的意见不一致或争论。

具体而言，冲突与纠纷的不同表现在：程度不同；内容不同；解决方式不同。

2. 劳资冲突与劳动争议

基于冲突与纠纷的不同，应区别工作场所的劳资冲突与劳动争议的不同。

劳资冲突是指在工作场所发生的劳资双方意见不一致或争论的状态，发生冲突的原因可能来自资源的稀缺性、价值取向、世界观、对事实的争议等。

从分类情况看，工作场所冲突可以大致分为两种类型：任务型冲突（task-related conflict）和关系型冲突（relationship conflict）。任务型冲突是指因为工作方式、任务利弊等意见不一致产生的冲突；关系型冲突是指因为人的价值取向、幽默感等性格观念因素产生的冲突。

劳动争议则主要是指工作场所中发生的劳动权利与义务纠纷。一般而言，在劳动争议产生以后，争议解决途径强调多元化处理，包括争议的协商、调解、仲裁与诉讼。其中，协商与调解是争议解决途径中的柔性措施，仲裁具有准司法性质，而诉讼是争议解决的最终程序。①

（二）冲突认识的变迁

20世纪三四十年代的"传统观点"认为，冲突是暴乱、破坏、非理性的同义词，冲突的出现意味着组织内功能失调，必须加以避免。20世纪40年代末至70年代中叶的"人际关系观点"认为，群体内的冲突是不可避免的，存在"对群体工作绩效产生积极动力的潜在可能性"，组织应当接纳冲突。20世纪70年代之后，管理学界出现了"相互作用观点"，越来越多的学者鼓励冲突，认为一定水平的冲突能够使群体保持旺盛的生命力和不断创新。

二、冲突管理系统

（一）冲突管理系统概述

冲突管理系统是建立在组织中的一种应对组织内部工作场所发生的冲突的制度和机构。它强调冲突各方积极参与，通过认识引起冲突的因素来预防和阻止冲突的发生和升级，对具有破坏性的冲突进行引导以缓和冲突，为冲突各方提供多样的解决方法和程序供其选择。

劳资冲突管理系统的最终目标是提高劳动者的满意度与工作效率，为组织战略的执行和实现作出贡献，冲突管理的对象就是工作场所发生的各种冲突。

---

① 本章节主要涉及劳资冲突的内容；劳动争议相关内容在基础知识部分不做详细介绍，详述请见《劳动关系协调员（师）》专业知识各级教程"员工申诉与劳动争议处理"章节。

（二）冲突管理系统的产生

1. 从集体谈判和诉讼到替代性纠纷解决机制（ADR）

劳资争议的诉讼解决方案对于雇主和整个社会经济的正常运行都是低效率的。因此，高效率、低成本、民权运动、学术界和法律界的推动等原因都是推动非诉讼的纠纷解决方式（ADR，也可以翻译为替代性纠纷解决方式）逐步替代传统诉讼方式的重要因素。

2. 从 ADR 到冲突管理系统（CMS）

经济和社会环境的变迁、企业自身的变革、冲突管理系统自身的优势以及 ADR 的发展和完善，这些因素都是促使 ADR 逐渐被许多大型企业使用和采纳的原因。于是在 ADR 的基础之上，产生了更加系统、更加全面的应对冲突的处理方法，即冲突管理系统（CMS）。

3. 冲突管理系统的进一步发展

20 世纪最后 10 年至 21 世纪初，在冲突管理系统的基础上，学者又提出了整体冲突管理系统（ICMS）概念。整体冲突管理系统更加强调对于组织内出现的事件和问题的预见和关注。它鼓励所有级别的雇员使用冲突管理系统，随时分享自己工作中遇到的任何问题和想法，甚至是在冲突产生之前。和以前希望"规避"冲突不同，整体冲突管理系统希望能尽可能多地去发现组织中的冲突，去倾听和暴露可能存在不一致的观点和想法。它为组织中的所有人服务，包括了企业最低级别的员工。

（三）冲突管理系统的特征

冲突管理系统把在工作场所之内发生的冲突纳入企业或者组织内部来进行解决，而不是将其放到组织"外部"比如政府机构、司法系统等来解决。这是冲突管理系统和以往的冲突治理方法不同的本质特征。

具体而言冲突管理系统具有以下五大特征：

（1）冲突管理系统的核心特征，是把在组织内部发生的冲突，尽可能地纳入组织内部建立的程序来解决，而不是把这些冲突放到组织外部来解决。

（2）冲突管理系统的有效实施，必须和组织文化、组织战略相协调。冲突管理系统，会随着组织的不同而有所差异。

（3）冲突管理系统一般需要有广阔的覆盖面和多样的解决方式。具体来说，就是要为组织内的所有人提供多样化的冲突解决渠道和方法。

（4）冲突管理系统致力于主动地应对冲突，力求在冲突的初级阶段开展积极的冲突管理，防止冲突的升级和激化。

（5）冲突管理系统的工作人员，需要有较高的素质和技能，通常需要经过培训才能够达到。

（四）冲突管理系统的建立与运行

1. 冲突管理系统的建立

（1）前期准备阶段，准备阶段需要完成的几项主要任务是：成立冲突管理团队、获得组织高层管理人员的支持以及组织状况评估。

（2）系统设计阶段，形成初步设计方案、建立支持结构以及试点运行。

（3）实施运行阶段，进行系统宣传与推广以及对冲突管理团队进行培训。

（4）制度化阶段，冲突管理系统不是一个"一次性使用"的工具，应该通过建立激励制度，持续的沟通、反馈和改进等环节使冲突管理系统嵌入组织中，成为组织中的常态机构。

2. 冲突管理的程序

虽然由于国家背景、企业文化等方面的差异，各企业对于冲突管理程序的划分并不完全一致，但是

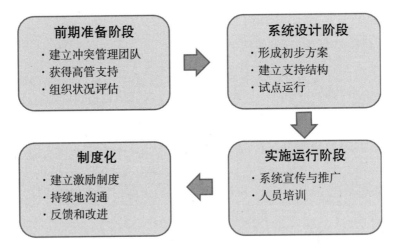

图 3—1　冲突管理系统建立流程图

其中都体现着一个思路，就是在解决的手段和程序可以分为两大类：内部程序和外部程序，划分的标准是冲突的治理是否牵扯到冲突管理团队以外的第三方人员。

辅导练习题

一、单项选择题

1. 以下哪项不是非诉讼纠纷解决方式逐步替代传统诉讼方式的重要因素（　　）。

A. 高效率

B. 低成本

C. 民权运动

D. 国家的推动

答案：D

2. 整体冲突管理系统希望能尽可能多地（　　）。

A. 规避冲突

B. 发现组织中的冲突

C. 减少不一致的观点和想法

D. 为企业管理者服务

答案：B

3. 以下不属于冲突管理系统的特征的是（　　）。

A. 冲突管理系统的有效实施，必须和组织文化、组织战略相协调

B. 冲突管理系统一般需要有广阔的覆盖面和多样的解决方式

C. 冲突管理系统致力于主动地应对冲突

D. 冲突管理系统的工作人员无需较高的素质和技能，易于企业操作

答案：D

4. 冲突管理系统的核心特征是（　　）。

A. 把在组织内部发生的冲突，尽可能地纳入组织内部建立的程序来解决

B. 冲突管理系统的有效实施，必须和组织文化、组织战略相协调

C. 为组织内的所有人提供多样化的冲突解决渠道和方法

D. 主动地应对冲突

答案：A

二、多项选择题

1. 冲突管理系统的前期准备阶段包括（　　）。

A. 成立冲突管理团队

B. 获得组织高层管理人员的支持

C. 组织状况评估

D. 试点运行

答案：ABC

2. 以下说法不正确的是（　　）。

A. 整体冲突管理系统希望尽可能多地去避免组织中存在不一致的观点和想法

B. 由于冲突管理系统需要获得高层管理人员的支持，因此其缺陷在于无法服务于企业最低级别的员工

C. 应使冲突管理系统嵌入组织中，成为组织中的常态机构

D. 冲突管理系统的制度化是为了实现冲突管理"一次性使用"的目标

答案：ABD

第四章

人力资源管理

学习目标

1. 掌握人力资源管理的定义、意义，了解人力资源管理相关理论。

2. 掌握工作分析的定义、意义，理解工作分析的流程，重点掌握工作分析方法。

3. 了解员工招聘的主要形式，理解员工招聘的流程。

4. 了解绩效考核的目的、内容和一般过程，了解绩效考核指标体系，掌握绩效考核方法，重点掌握绩效考核的实施。

5. 了解薪酬管理的基本概念，理解薪酬设计的原则和步骤，了解薪酬管理的法律环境。

第一节　人力资源管理基本理论

一、人力资源的基本概念与特点

（一）人力资源的概念

人力资源是指在一定的时间和空间条件下，劳动力数量和质量的总和。按照不同的空间范围，人力资源可区分为：某国家或区域的人力资源、某一产业（行业）或某一企业的人力资源。①

（二）人力资源的特点

人力资源作为一种特殊的资源，与其他资源相比，它具有时效性、主观能动性、可持续性、增值性、社会性等特点。

二、人力资源管理

（一）人力资源管理的定义

人力资源管理是通过对人的有效管理，改善和促进人的劳动生产率，使组织绩效获得改善和提升，组织获得竞争优势，实现组织的可持续发展。它是为了实现既定的目标，采用计划、组织、领导、监督、激励、协调、控制等有效措施和手段，充分开发和利用组织系统中的人力资源所进行的一系列活动的

---

① 中国就业培训技术指导中心：《企业人力资源管理师——基础知识（第二版）》，中国劳动社会保障出版社2007年版。

总称。

（二）人力资源管理的内容

从组织管理的角度考虑，人力资源管理的主要内容可以概括为八个方面：人力资源规划、工作分析与设计、招聘与录用、培训与开发、绩效管理、薪酬与福利、职业生涯管理、劳动关系管理。

1. 人力资源规划是对组织的人力资源需求和供给进行有效预测与匹配的过程。其目的在于是人员的供给（无论是内部的还是外部的）在给定的时间内与组织需求相适应，保证随时满足组织在数量和质量上对人力资源的需求。

2. 工作分析是通过收集工作岗位的相关信息，明确界定每个岗位的责任、任务和活动以及工作承担者的任职资格。工作分析的成果体现为工作说明书或工作描述。工作设计则通过对工作内容的再设计，提高工作的丰富性，进而提高员工的工作满意度。

3. 招聘和录用合格乃至优秀的员工是企业占据竞争主动地位的重要环节。从招募渠道的选择、招聘信息的发布，到人员测评技术和最后的录用决策，都属于招聘和录用的范畴，其目的是以最快、最省的方式找到最合适的员工。

4. 培训分为岗前培训和在职培训。岗前培训是对新员工进行入职教育，使其掌握基本的职业素养的过程。在职培训是结合员工在实际工作中的表现，对员工欠缺或不足的能力和知识进行培训与提高的过程。

5. 绩效管理是指对员工个体和组织整体的绩效进行科学的考核，它是保证组织目标实现的有效手段。绩效考核体系可以帮助组织评价员工绩效的优劣，确认导致绩效优劣的因素或原因，以便制定相应的改进措施。绩效考核体系不仅可以帮助绩效不良者找到问题所在、提高绩效水平，同时也能帮助管理者对绩效优良者实施奖励和提升，有利于提高员工的成就感和归属感。

6. 绩效和福利是组织管理的关键战略领域，不仅影响到组织吸引求职者和留住员工的能力，同时还受到一个社会的法律和制度的制约。员工激励的实施过程，实际上就是组织满足人的需求的过程，适当的薪酬和福利不仅是对员工工作表现的认可，而且是保证员工基本需要的必要手段。

7. 职业生涯管理主要包括两个方面：一是个体对自己希望从事的职业、希望就职的组织、希望达到的职业发展目标进行规划和设计，并为实现这一职业目标而积累知识、开发技能的过程。它一般通过选择职业、选择组织、选择工作岗位，以使员工在工作中技能得到提高、职位得到晋升、才干得到发挥等来实现。二是指组织帮助员工制定职业生涯规划，建立适合各类员工发展的职业通道，为员工提供适时必要的职业培训和就业指导，帮助员工获得职业上的成功。

8. 在现代社会中，个人与组织的关系即表现为雇佣关系或劳动关系。雇主与雇员彼此之间承担着不同的责、权、利，这种关系不仅需要有组织内部的管理制度为依据，更需要有相关法律为准则。通过各种法律措施、经济措施、行政组织措施以及技术措施等，对人力资源在生产和开发、配置和使用等方面提供保护，保障员工的合法权益，是各类组织和雇主的基本责任。

三、人力资源管理的基本原理和职能

（一）现代人力资源管理的基本原理[①]

为了有效对企业人力资源进行管理，应掌握以下基本原理：

---

① 中国就业培训技术指导中心：《企业人力资源管理师——基础知识（第二版）》，中国劳动社会保障出版社 2007 年版。

1. 同素异构原理：总体组织系统的调控机制

同素异构原理一般是指事物的成分因为在空间组合关系和方式的不同，即在结构形式和排列次序上的不同，会产生不同的效果，引起不同的变化。例如，在群体成员的组合上，同样数量和素质的一群人，由于排列组合的不同而产生不同的效应；生产过程中，同样人数和素质的劳动力因组合方式不同，其劳动效率也会高低不同。

根据这一原理，企业必须建立有效的组织人事调控机制，根据企业生产经营的需要，重视组织内部各种信息的传递和反馈，不断对组织和个人结构方式进行调整，以保证系统的正常运行。

2. 能位匹配原理：人员招聘、选拔与任用机制

能位匹配原理是指根据岗位的要求和人员的能力，将员工安排到相应的工作岗位上，保证岗位的要求与员工的实际能力相一致、相对应。"能"是指人的能力、才能，"位"是指工作岗位、职位，"匹配"是一致性与对称性。企业员工聪明才智发挥得如何，员工的工作效率和成果如何，都与人员使用上的能位适合度成函数关系。能位适合度是人员的"能"与所在其"位"的配置程度。能位适合度较高，说明能位匹配越合理、越恰当，即得其人、人适其位、适才适所，这不但会带来高绩效，还会促进员工能力的提升，反正亦然。

根据这一原理，企业必须建立以工作岗位分析与评价制度为基础，运用人员素质测评技术等科学方法甄选人才的招聘、选拔、任用机制，从根本上提高能位适合度，使企业人力资源得到充分开发和利用。

3. 互补增值、协调优化原理：员工配置运行与调节机制

互补增值、协调优化原理是充分发挥每个员工的特长，采用协调与优化的方法，扬长避短，聚集团体优势，实现人力、财力和物力的合理配置。在贯彻互补原则时，还应特别注意主客观因素之间的协调与优化。所谓协调，就是要保证群体结构与工作目标相协调，与企业总任务相协调，与生产技术装备、劳动条件和内外部生产环境相协调；所谓优化，就是经过比较分析，选择最优结合方案。

互补的形式是多层次、多样化的，如个性互补、体力互补、年龄互补、知识互补、技能互补、组织才干互补、主客观环境互补和条件互补等。

4. 效率优先、激励强化原理：员工酬劳和激励机制

效率优先、激励强化原理是指将提高效率放在首要位置，各级主管应当充分有效地运用各种激励手段，对员工的劳动行为实现有效激励，使员工明辨是非，认清工作目标和方向，保持持续不竭的内在动力。例如，对员工要有奖有罚、赏罚分明，才能保证各项制度的贯彻实施。如果干与不干、干好干坏都一样，那么就不利于鼓励先进、鞭策后进带动中间，把企业各项工作做好。

此外，通过企业文化的塑造，特别是企业精神的培育，教育、感化员工，以提高组织的凝聚力和员工的向心力；通过及时的信息沟通和传递，以及系统的培训，使员工掌握更丰富的信息和技能，促进员工观念、知识上的转变和更新。

5. 公平竞争、相互促进原理：员工竞争与约束机制

公平竞争、相互促进原理是在企业的人事活动中坚持"三公"原则，即"公正、公平和公开"原则，在社会主义市场经济条件下，企业要为员工搭建一个体现"三公"原则的大舞台，使他们能够大显身手，施展本领，发挥自己的才能。

6. 动态优势原理：员工培训开发、绩效考评与人事调整机制

动态优势原理是指在动态中用好人、管好人，充分利用和开发员工的潜能和聪明才智。

在工作活动中，员工与岗位的适合度是相对的，不适合、不匹配是绝对的。因此，应当注重员工的绩效考评及员工潜能和才智的开发，始终保持人才竞争优势。从优化组织的角度看，企业员工要有上有

下、有升有降、有进有出、不断调整、合理流动，才能充分发挥每一个员工的潜力、优势和长处，使企业和员工个人都受益。

（二）现代人力资源管理的原则

实践中，上述六个基本原理引申出一系列有关人事管理的活动和人力资源规划的特定准则。

1. 完整全面看待人的因素。人是一个多面体，经济的需求，技能的施展，感情的交流，社会政治背景与文化修养、道德观念的交融，都会在企业的各种活动过程中发挥作用。

2. 使员工认识到工作的意义及员工与企业的利益息息相关。

3. 肯定个人的尊严，公正待人，对人彬彬有礼。

4. 鼓励员工自立自强。

5. 不断加强员工之间的沟通，随时向员工提供相关信息。

6. 既不要高估自己的能力，也不要低估下属的能力。

7. 领导者和管理者的计划、决策和意图，要用简洁的语言向下属解释清楚。

8. 因人而异，随机制宜，适时适度，有理有利有节。

（三）人力资源管理的职能

人力资源管理活动的最终目的是组织目标的达成以及组织战略的实现。从人力资源管理的主要工作内容可以总结出人力资源管理五项主要功能：

1. 获取。获取是指根据工作和组织的要求，通过招募和录用，选拔出与目标职位相匹配的任职者的过程，具体体现在工作分析、招聘及录用等环节上。

2. 整合。整合是指借助培训教育等手段实现员工组织社会化的过程。整合的目的是培养员工与组织一致的价值取向和文化理念，并使其逐渐成为组织人，具体体现在新员工上岗引导、企业文化管理等方面。

3. 保持。保持员工的工作积极性和员工队伍的相对稳定性，是"保持"这一工作的主要任务，具体体现为绩效管理、薪酬管理、福利管理、劳动关系管理等活动。

4. 开发。开发是指通过提高员工的知识、技能及态度等资质，实现人力资本增值的过程，主要包括员工职业生涯管理、技能和知识培训、员工辅导等活动。

5. 控制与调整。这是对员工的工作行为和工作结果评价和鉴定以及反馈和改进的过程，主要体现在绩效管理，工作轮换、劳动关系管理、裁员与外包等活动中。

四、人力资源管理的三大基石和两大技术[①]

从我国企业长期的人力资源管理的实践活动来看，具有中国特色的现代人力资源管理理论，应当建立在定编定岗定员定额、绩效管理和员工技能开发三大基石以及工作岗位研究和人员素质测评两大技术的基础上。

（一）现代人力资源管理的三大基石

1. 定编定岗定员定额

定编是指根据组织发展和组织战略规划的要求，对组织结构模式的正确选择，以及各种职能部门和业务机构的合理布局和设置；定岗是在生产组织合理设计以及劳动组织科学化的基础上，从空间和

① 中国就业培训技术指导中心：《企业人力资源管理师——基础知识（第二版）》，中国劳动社会保障出版社2007年版。

时间上科学地界定各个工作岗位的分工与协作关系，并明确地规定各个岗位的职责范围、人员的素质要求、工作程序和工作总量；定员是在定编定岗的基础上，为保证组织生产经营活动的正常进行，按照一定素质要求，对配备各类岗位的人员所预先规定的限额；定额是在一定的生产技术组织条件下，采用科学合理的方法，对生产单位合格产品或完成一定工作任务的活劳动消耗量所预先规定的限额。

2. 员工的绩效管理

绩效管理是指为了实现组织发展战略和生产经营的目标，采用科学的方法，通过对员工的行为表现、劳动态度和工作业绩，以及综合素质（能力）的全面检测、分析和考核评估，充分调动员工的积极性、主动性和创造性，不断改善组织与员工行为，提高员工素质和挖掘其潜力的活动过程。绩效管理的目标是不断改善组织氛围，提高组织与员工的效率。绩效管理过程的每一次循环都将使企业、组织或个人迈上一个新的台阶，有所提高，有所创新，有所前进。

3. 员工技能开发

员工技能开发的基本概念可以表述为：通过科学的系统全面的教育、培养和训练，使全员的职业品质、专业素养和操作技能不断提高，人力资源潜力得到充分发掘的过程。

综上所述，定编定岗定员定额是企业贯彻"能位匹配"原则，科学地选贤任能的基本前提和依据，从而为人力资源管理系统的有效运行搭建了一个坚实的平台；员工绩效管理使人力资源的"能位匹配"原则得以动态的保持和实现，从而也就为企业资源配置的最优化，组织效率的最大化提供了切实的保障；而员工技能培训和开发，不仅能最大限度地提高员工综合素质和工作绩效，也为企业的发展奠定了雄厚的物质与精神基础。因此，定编定员定额、绩效管理和员工技能开发是构建具有中国特色的现代人力资源管理的三大基石。

（二）现代人力资源管理的两种测量技术

在人力资源管理的学科体系中，运用现代数学、心理学、生理学、卫生学、人机工程学等学科的研究成果而形成的测量应用技术，可以分为两大类：一是以工作——"岗位"为研究对象的学问，即工作岗位研究；二是以劳动者——"人"的自身品质为研究对象的学问，即人员素质测评。

1. 工作岗位研究

岗位研究是岗位调查、岗位分析、岗位评价与岗位分类分级等项活动的总称。它是以各类劳动者的工作岗位为对象，采用科学的方法，经过系统的岗位调查、岗位信息采集以及工作岗位分析与评价，制定工作说明书、岗位规范等人事文件，为员工的招聘、录用、考评、培训、晋升、调配、薪酬、福利和奖惩提供客观依据的过程。

2. 人员素质测评

人员素质测评是采用定性和定量相结合的科学方法，对各类人员的德、智、体等素质进行系统的测量与评定的过程。人员素质测评作为人力资源管理专业的一门应用性技术，它全面地阐述了对人员各种素质进行系统科学的测量与评定的基本原理、基本程序和基本方法。

人员素质测涉及的三个基本概念：（1）人员，泛指有劳动能力的劳动者，专指各行各业的从业人员。（2）素质，劳动者个体完成一定（生理和心理的）活动与工作任务所应具备的基本条件和基本特点，素质是行为的基础和基本因素。（3）测评，即测量和评定。人员素质"测量"是运用多种数量分析方法和统计技术，对人的综合素质进行系统全面的描述，通常是用具体数字表示；人员素质"评定"则是按照这些描述来确定人员素质的价值和水平，对人员素质进行客观、全面、整体的衡量。

总之，人力资源管理的三大基石和两种技术之间既相互依存，又相互影响、相互促进，在现代企业管理中发挥着极其重要的作用。

辅导练习题

一、单项选择题

1. 人力资源规划在整个人力资源管理活动中占有（ ）。

    A. 一般地位

    B. 特殊地位

    C. 重要地位

    D. 必要地位

    参考答案：C

2. 人力资源需求预测方法中的集体预测方也称（ ）。

    A. 回归分析方法

    B. 劳动定额法

    C. 计算机模拟法

    D. 德尔菲预测技术

    参考答案：D

3. 以下不是人力资源的是（ ）。

    A. 工人

    B. 农民

    C. 伤残军人

    D. 学生

    参考答案：C

4. （ ）指员工对自己的工作所持有的一般性的满足与否的态度。

    A. 工作成就度

    B. 工作绩效

    C. 工作满意度

    D. 工作态度

    参考答案：C

5. （ ）是人力资源开发的最高目标。

    A. 人的发展

    B. 社会发展

    C. 企业发展

    D. 组织发展

    参考答案：A

二、多项选择题

1. 以下不正确的是（　　）。

    A. 人力资源就是人才资源

    B. 学生、失业者不属于人力资源

    C. 人力资源包括现实劳动力和潜在劳动力

    D. 人才资源包括劳动力

    参考答案：ABD

2. 在我国统计就业人员时，下面哪些人员不属于就业人员的范畴（　　）。

    A. 家务劳动者

    B. 非法劳动者

    C. 无报酬的义务劳动者

    D. 已办理退休又再次从业者

    参考答案：ABC

3. 下面哪些属于人力资源市场的构成要素（　　）。

    A. 用人单位

    B. 劳动者

    C. 中介机构

    D. 工资

    参考答案：ABCD

4. 宏观人力资源投资的主体是（　　）。

    A. 政府

    B. 企业

    C. 家庭

    D. 国家

    参考答案：ABD

5. 家庭教育投资的经济收益表现为（　　）。

    A. 人未来较高的收入

    B. 个人未来较为合理的支出

    C. 个人未来较健康的身体

    D. 个人未来较大的职业机动性

    参考答案：ABCD

第二节　工作分析

一、工作分析的概念与基本术语

（一）工作分析的概念

工作分析（Job Analysis），也称为职务分析或岗位分析。它是对各类工作岗位的性质任务、职责权限、岗位关系、劳动条件和环境，以及员工承担本岗位任务应具备的资格条件所进行的系统研究，并制定出工作说明书等岗位人事规范的过程。① 工作分析只是工作研究的一部分。

（二）基本术语

1. 工作要素。工作要素是指工作中不能再继续分解的最小动作单位。例如，接电话、合上电源开关、从抽屉里拿出文件、盖上瓶盖等都是工作要素。

2. 工作任务。工作任务是指为达到某一明确的目的所从事的一系列活动。它可以由一个或多个工作要素组成。例如，打字员打字是一项任务，包装工人盖上瓶盖也是一项任务。

3. 职责。职责是指由一个人担负的一项或多项任务所构成的责任范围。例如，营销管理人员的职责之一是进行市场调查，建立销售渠道等。

4. 职位。职位是指在一定时间内，组织要求个体完成的一至多项责任。一般而言，职位与个体是一一匹配的，也就是有多少个职位就有多少个人，二者的数量相等。

5. 职务。也叫岗位或工作，是指同类职位的总称，由任务和职责构成的，包括其所要完成的事务和所负的责任。在一个企业组织中，如果任务和职责的性质以及类别基本相同，而且完成任务和职责所要求的资格条件也无差异时，这样的职位就可以归为一种职务（或岗位）。例如，某公司要聘用 5 名电脑操作员，由于他们的工作性质、类型、内容是相似的。那么这 5 个职位可以归纳为一项职务（或岗位）。

工作分析只落脚点在工作职责上，而很多工作分析的不标准是将职责和任务的混淆。

二、工作分析的内容与作用

（一）工作分析的内容

工作分析的内容取决于工作分析的目的和用途。通过工作分析所收集到的信息主要包括特定职位应承担的工作职责、工作环境、工作流程、绩效衡量标准以及任职者的资质要求等，工作分析的最终产出表现为职位说明书。一份职位说明书一般包含两大类信息：工作职责描述和任职资格。

1. 工作职责描述

工作行为研究的结果常常表现为有关工作流程与行为的工作职责描述。当分析的重点是任务的时候，工作分析的结果常常是工作任务描述。关于工作本身的描述的格式有很多种，但是主要内容一般包括以下几方面：工作识别项目、工作结果（目标）、工作概要、工作职责、工作关系、工作条件与工作环境、工作流程等。

2. 任职资格

任职资格又被称为工作规范或工作说明书，常常与工作描述文件合并在一起。任职资格是对于任职者或者应聘者应该具有的个人特质要求，其中包括特定的技能、能力、知识要求、身体素质要求、教育背景、工作经验、个人品格与行为态度要求，等等。任职资格与工作描述其他方面内容有很大不同，它独立性较强，它关注的是完成工作内容所需的人的特质。因此，它对于人员招聘、甄选、调动与安置和对员工进行绩效管理都具有重大作用。

（二）工作分析的作用

工作分析所形成的职位说明书或工作信息数据库是人力资源管理，乃至组织和工作系统的基础性管

① 中国就业培训技术指导中心：《企业人力资源管理师（三级）（第二版）》，中国劳动社会保障出版社 2007 年版。

理工作。因此，工作分析对于人力资源管理与开发具有非常重要的作用。在人力资源管理活动中，几乎每一个方面都涉及工作分析所取得的成果。具体地说，工作分析有以下几方面的作用。

1. 工作分析为招聘、选拔、任用合格的员工奠定了基础。
2. 工作分析是制定有效的人力资源规划，进行各类人才供给和需求预测的重要前提。
3. 工作分析是确定人员培训和开发方案的基础。
4. 工作分析有利于提高工作和生产效率，同时也为工作考核和升职提供了标准和依据。
5. 工作分析是工作岗位评价的基础，工作岗位评价又是建立、健全企业薪酬制度的重要步骤。
6. 工作分析是企业改进工作设计、优化劳动环境的必要条件。

三、工作分析的流程

工作分析是一个全面的评价过程，这个过程可分为六个阶段：准备阶段、调查阶段、分析阶段、描述阶段、运用阶段、反馈与调整阶段，这六个阶段关系十分密切，它们相互联系、相互影响。

（一）准备阶段

准备阶段是工作分析的第一个阶段，主要任务是了解情况，确定样本，建立关系，组成工作小组。

（二）调查阶段

这一阶段的主要任务是对整个工作过程、工作环境、工作内容和工作人员等主要方面作一个全面的调查。

（三）分析阶段

工作分析是收集、分析、综合组织某个工作有关的信息的过程。也就是说该阶段包括信息的收集、分析、综合三个相关活动，是整个工作分析过程的核心部分。

信息来源的选择应注意：①不同层次的信息提供者提供的信息存在不同程度的差别。②工作分析人员应以公正的角度听取不同的信息，不要事先存有偏见。③使用各种职业信息文件时，要结合实际，不可照搬照抄。信息收集的方法和分析信息适用的系统由工作分析人员根据企业的实际需要灵活运用。

工作分析的信息来源途径主要包括：①书面资料。②任职者的报告。③同事的报告。④直接的观察等。除此之外，工作分析的资料还可以来自于下属、顾客和用户等处。

（四）描述阶段

这一阶段是工作分析的关键环节，它主要对调查、分析阶段形成的成果资料进行全面的总结。

（五）运用阶段

此阶段是对工作分析的验证，只有通过实际的检验，工作分析才具有可行性和有效性，才能不断适应外部环境的变化，从而不断地完善工作分析的运行程序。此阶段的工作主要有两部分：培训工作分析的运用人员、制定各种具体的应用文件。

（六）反馈与调整阶段

组织的生产经营活动是不断变化的，这些变化会直接或间接的引起组织分工协作体制发生相应的调整，从而也相应引起工作的变化。工作分析文件的适用性只有通过反馈才能得到确认，并根据反馈修改其中不适应的部分。所以，反馈和调整活动是工作分析中的一项长期的重要活动。

四、工作分析方法

1. 定性工作分析方法

（1）观察法

观察法就是岗位分析人员通过观察将有关工作的内容、方法、程序、设备、工作环境等信息记录下来，最后将取得的信息归纳整理为适合使用的结果的过程。采用观察法进行工作分析结果比较客观、准确，但需要工作分析人员具备较高素质。其弊端就是不适用工作循环周期很长的工作，难以收集到与脑力劳动有关的信息。一般来说，观察法适用于外显特征较明显的工作岗位。

（2）访谈法

访谈法是获取岗位工作资料的常用方法。它是指调查者通过面对面的访谈，以口头信息沟通的途径直接获取信息的方法。根据访谈过程中结构模式的不同，可以把访谈分为两大类：结构访谈和非结构访谈。通常用于岗位分析人员不能实际参与观察的工作岗位。访谈对象通常包括：该职位的任职者、对工作较为熟悉的直接主管人、与该职位工作联系比较密切的工作人员、任职者的下属等。

访谈法不足之处是访谈对象往往对访谈的动机持怀疑态度，回答问题时有所保留，导致信息失真。因此，访谈法一般不单独使用，通常是用作问卷调查的后续措施。作为后续措施，面谈的主要目的，是要求员工和有关负责人协助澄清问卷调查中的某些信息问题；同时，分析人员也可借机澄清问卷中的某些术语方面的问题。

（3）关键事件法

关键事件法要求工作分析人员或有关人员描述能反映其绩效好坏的"关键事件"，即对岗位工作任务造成显著影响（如成功与失败，盈利与亏损，高产与低产等）的事件，将其归纳分类，最后就会对岗位工作有一个全面的了解。关键事件的描述包括：导致该事件发生的背景、原因；员工有效的或多余的行为；关键行为的后果；员工控制上述后果的能力。采用关键事件法进行岗位分析时，应注意以下三个问题：一是调查期限不宜过短；二是关键事件的数量应足够说明问题，事件数目不能太少；三是正反两方面的事件都要兼顾，不得偏颇。

（4）工作日志法

工作日志法就是由工作者本人记录每日工作的内容、程序、方法、权限、时间等。采用工作日志法，可以在一定时间内获取第一手资料。为了保证所取得信息的信度，要求工作日志记录必须持续一段时间，以保证所取得信息的完整与客观。

（5）工作实践法

工作实践法是指工作分析人员直接参与某一岗位的工作，从而细致、全面的体验、了解和分析岗位特征及岗位要求的方法。与其他方法相比较，工作实践法的优势是可获得岗位要求的第一手真实、可靠的数据资料。但由于分析人员本身的知识与技术的局限性，其运用范围有限，只适用于较为简单的工作岗位分析。

2. 定量分析方法

问卷调查法就是根据工作分析的目的、内容等，事先设计一套工作分析调查问卷，由被调查者填写，再将问卷加以汇总，从中找出有代表性的回答，形成对岗位工作分析的描述信息。

问卷调查法在岗位分析中使用最为广泛，其优点是费用低、速度快，调查范围广，尤其适合对大量工作人员进行岗位分析，调查结果可以实现数量化，进行计算机处理。但是，这种方法对问卷设计要求较高，同时需要被调查者积极配合。

3. 定性与定量结合的方法

上述几种工作分析的方法各有特点，分析人员可以根据所分析岗位工作性质、目的，选择适当的方法，也可几种方法结合起来使用。

辅导练习题

一、单选题

1.（　）是以工作说明书、工作规范等作为员工任职要求的依据．将其和员工平时工作中的表现进行对比寻找差距的方法。

　　A. 面谈法

　　B. 工作任务分析法

　　C. 观察法

　　D. 重点团队分析法

　　参考答案：B

2.（　）为招聘、选拔、任用合格的员工奠定了基础。

　　A. 人员需求计划

　　B. 人员供给计划

　　C. 工作岗位分析

　　D. 工作岗位调查

　　参考答案：C

3. 根据生产总量、工人劳动效率和出勤率来核算定员人数的方法属于（　　）。

　　A. 按机器设备定员

　　B. 按比例定员

　　C. 按劳动效率定员

　　D. 按岗位定员

　　参考答案：C

4. 在工作分析中，（　）适用于短期内可以掌握技能要求的工作岗位。

　　A. 工作实践法

　　B. 问卷调查法

　　C. 工作表演法

　　D. 阶段观察法

　　参考答案：A

5. 在描述一个岗位的职责时，应该选取主要的职责进行描述，一般不超过（　）不要试图究尽所有的职责。

　　A. 6 项

　　B. 6—8 项

　　C. 8 项

　　D. 9—10 项

参考答案：B

二、多选题

1. 影响企业外部劳动力供给的因素主要有（   ）。

   A. 人口政策及人现状

   B. 劳动力市场发育程度

   C. 社会就业意识和择业心理偏好

   D. 用人单位管理水平

   参考答案：ABC

2. 岗位评价的方法主要有（   ）。

   A. 排列法

   B. 对比法

   C. 分类法

   D. 要素比较法

   参考答案：ACD

三、简答题

1. 简述工作岗位分析的作用。

标准答案：

（1）岗位分析为企业选拔、任用合格的员工奠定了基础。

（2）岗位分析为员工考核、晋升提供了依据。

（3）岗位分析成为企业改进岗位设计、优化劳动环境的必要条件。

（4）岗位分析是企业制定有效的人力资源计划，进行人才预测的重要前提

（5）岗位分析是岗位评价的基础，而岗位评价又是建立、健全企业薪酬制度的重要步骤。

因此，可以说，岗位分析为企业建立较为公平合理的薪酬制度提供了前提条件。

第三节　员工招聘

一、员工招聘的概述

（一）员工招聘的概念

员工招聘是指根据组织战略和人力资源规划的要求，通过各种渠道识别、选取、发掘有价值的员工的过程。它是人力资源管理的首要环节，是实现人力资源管理有效性的重要保证。

从广义上讲，员工招聘包括招聘准备、招聘实施和招聘评估三个阶段；狭义的招聘指招聘的实施阶段，其中主要包括招聘、筛选、录用三个具体步骤。

（二）员工招聘的意义

员工招聘就是为了确保组织发展所需的高质量人力资源而进行的一项重要活动。其意义不言而喻。一是当组织内部的人力资源不能满足组织发展和变化的要求时，组织就需要根据人力资源规划和工作分

析的数量与质量要求，从内外吸收人力资源，为组织输入新生力量，弥补组织内人力资源供给不足；二是可以为组织注入新的管理思想，为组织带来技术与管理上的重大革新，为组织增添新的活力；三是通过内外招聘，可以使组织更多了解员工的动机与目标，更好的保留人力资源、减少员工离职、发挥员工的潜能。四是通过员工招聘，扩大组织的知名度与社会影响力等。

二、招聘的基本程序

（一）准备阶段

1. 人力需求诊断。进行人员招聘的需求分析，明确哪些岗位需要补充人员。

2. 岗位分析。明确掌握需要补充人员的工作岗位的性质、特征和要求。

3. 制定招聘计划。人员招聘计划是组织人力资源规划的重要组成部分，它为组织人力资源管理提供了一个基本的框架，为人员招聘录用工作提供了客观的依据、科学的规划和实用的方法，能够避免人员招聘录用过程中的盲目性和随意性。招聘计划一般包括以下内容：

（1）招聘岗位、岗位要求、招聘人数等；

（2）招聘日程安排，包括候选人从应聘到录用之间的时间间隔；

（3）录用基准；

（4）招聘的途径和方法；

（5）招聘录用成本预算。

（二）实施阶段

招聘过程的实施是整个招聘活动的核心，也是最关键的一环，先后经历招募、筛选、录用三个步骤。

1. 招募阶段。招募阶段主要是对招聘信息的发布。招聘信息发布的时间、方式、渠道与范围是根据招聘计划来确定的。由于需招聘的岗位、数量、任职者要求不同，招聘对象的来源与范围的不同，以及新员工到位时间与招聘预算的限制，招聘信息发布时间、方式、渠道与范围也是不同的。

2. 筛选阶段。筛选阶段是指从应聘者中选出企业所需要的人员的过程，包括资格审查、背景调查、初选、笔试、面试、其他测试、体检、个人资料核实等一系列活动过程。从人员选拔的具体内容和方法上看，其主要步骤包括：

（1）初次筛选

初次筛选主要通过对求职人员登记表及个人简历的初审及评价来实现。这种初审的目的是挑选有希望的求职者，它通过迅速地从求职者信息库中排除明显不合格者来帮助招聘录用系统有效地运行。初次筛选的新趋势是采用网络筛选的方法。

（2）笔试

招聘测试主要采用笔试的形式，人力资源部门负责对初选入围者进行不同的考试和测验，可以就他们的知识、能力、个性品质、职业倾向、动机和需求等方面加以评定，从汇总选出优良者，进入到复试阶段。

（3）复试阶段

复试阶段多采用面试的形式，面试分为结构化面试和非结构化面试。结构化面试是在面试之前，已经有一个固定的框架或问题清单，面试考官根据框架控制整个面试的进行，按照设计好的问题和细节逐一发问，严格按照这个框架对应聘者分别作同样的问题。非结构化面试则是漫谈式的，面试考官与应聘者随意交谈，无固定的模式、固定题目，面试者只要掌握组织、岗位的基本情况即可。这种面试的主要目的在于给应聘者充分发挥自己能力与潜力的机会，通过观察应聘者的知识面、价值观、谈吐和风度，了解其表达能力、思维能力、判断能力和组织能力等。

（4）评价中心技术

评价中心技术是从多角度对个体行为进行标准化评估的各种方法的总称。它使用多种测评技术，通过多名测评师对个体在特定的测评情景中表现出的行为做出判断，然后将所有测评师的意见通过讨论或统计的方法进行汇总，从而得出对个体的综合评估。简单地说，评价中心技术就是把受评人置于一系列模拟的工作情景中，由专业考评人员对其各项能力进行考察或预测，了解其是否胜任该项工作岗位要求的测量和评定方法。评价中心技术被认为是当代人力资源管理中识别有才能的管理者的最有效的工具。它主要包括无领导小组讨论、公文筐测验、案例分析、管理游戏等。

（5）背景调查与体检等内容

背景调查通常是用人单位通过第三者对应聘者的情况进行了解和验证。这里的"第三者"主要是指应聘者原来的雇主、同事以及其他了解应聘者情况的人员，或者能够验证应聘者提供资料真实性的机构和个人。背景调查的内容通常包括四个方面的内容：学历调查、个人资质调查、个人资信调查、员工忠诚度调查。背景调查的方法包括打电话、访谈、要求提供推荐信等。

应聘者体检的目的是确定应聘者的身体状况是否能够适应工作的要求，特别是能否满足工作对应聘者身体素质的特殊要求。

3. 录用阶段。在经过笔试、面试或者心理测试后，招聘录用工作进入了决定性阶段。这一阶段的主要任务是通过对甄选评价过程中产生的信息进行综合评价和分析，确定每一位应试者的素质和能力特点，根据预先确定的人员录用标准与录用计划进行录用决策。

最后，对未录用人员，企业需要写辞谢信，对应聘人员的积极参与表示感谢，希望其以后继续关注本企业。

（三）评估阶段

进行招聘评估，可以及时发现问题、分析原因、寻找解决的对策，有利于及时调整有关计划并为下一次招聘提供经验教训。

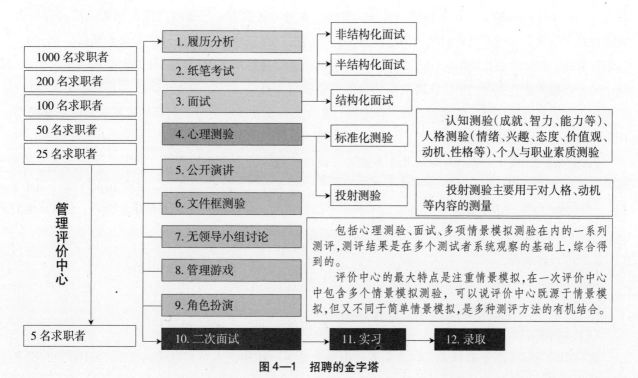

图4—1　招聘的金字塔

三、招聘渠道的选择和人员招募方法

一般来说，招聘渠道可以分为内部招聘和外部招聘。

（一）内部招聘

内部招聘是指通过内部提升、工作调换、工作轮换和人员重聘等方法，从企业内部人力资源储备中选拔出合适的人员补充到空缺或新增的岗位上去的活动。

1. 内部招聘的主要方法

（1）推荐法

推荐法可用于内部招聘，也可以用于外部招聘。它是由本企业员工根据企业的需要推荐其熟悉的合适人员，供用人部门和人力资源管理部门进行选择和考核。

（2）布告法

布告法是在确定了空缺岗位的性质、职责及其所要求的条件等情况后，将这些信息以布告的形式，公布在企业中一切可利用的墙报、布告栏、内部报刊上，尽可能是全体员工都能获得信息，所有对此岗位感兴趣并具有此岗位任职能力的员工均可以申请此岗位。

（3）档案法

人力资源部门都有员工档案，从中可以了解到员工在教育、培训、经验、技能、绩效等方面的信息，帮助用人部门与人力资源部门寻找合适人员补充岗位空缺。

2. 内部招聘的优缺点

内部招聘既是一种招聘方式，又是一种管理方式。尤其对于晋升性质的内部招聘，它对员工是一种非常有效的激励方式，不但能够激励员工做好本职工作，不断提高工作技能和效率，也为企业留住优秀人才、增强企业凝聚力起到了一定的作用。具体来说有以下优点：一是为组织内部员工提供了发展的机会，增加了组织对内部员工的信任感，这有利于激励内部员工，稳定员工队伍；二是从内部培养和选拔的人才，直接成本比较低，效率也相对较高，省时、省力、省费用；三是内部员工对企业的现有人员、业务模式和管理方式非常熟悉，易于沟通和协调，因而可以更快地进入角色，学习成本更低，有利于发挥组织效能；四是经过长期磨合，内部员工与企业在同一个目标基础上形成趋同的价值观，相互比较信任，员工已融入企业文化之中，认同组织的价值观念和行为规范，对组织的忠诚度较高；五是因为内部员工的历史资料有据可查，管理者对其工作态度、素质能力及发展潜能等方面有比较准确的认识和把握，用人风险比较小，成功率较高；等等。

内部招聘的不足主要体现在以下几个方面：一是由于新的岗位总是有限的，内部员工的竞争结果必然是有人喜欢有人忧，有可能影响到员工之间的关系，甚至导致人才的流失；二是企业长期的"近亲繁殖"、"团体思维"、"长官意志"等现象，不利于个体创新和企业的成长，尤其是中小企业；此外，由于是企业内部选拔，所以可能存在候选人数量不足和范围比较小的缺点。

（二）外部招聘

所谓外部招聘，顾名思义就是从企业外部获取人力资源的途径。

1. 外部招聘的主要方法

（1）报纸招聘广告

这种招聘方式适用于餐饮业、物业服务、市场管理等一线服务人员，这类人员适合的候选人较多，可替代性较强，对应聘者的要求相对不高。

（2）校园招聘

校园招聘的应聘者都是应届毕业生，他们的学历较高，学习能力强，工作经验少，可塑性很强。他们进入企业后适应环境快，进入状态快。由于点好商城的发展速度较快，所以做好人员储备和长期开发就显得很重要，而校园招聘就成为解决这一问题的良好途径之一。

（3）网络招聘

网络招聘是近年来随着计算机通讯技术的发展和劳动力市场发展的需要而产生的通过信息网络进行招聘、求职的方法。该方法具有成本费用低、传播速度快、招聘平台大、受众实效强、地域范围广等优点。适用于招聘具有一定知识水平（如计算机使用、英语水平等）、专业人员（IT、网络、设计工作等）等层次较高的人员的招聘。

（4）现场招聘会

现场招聘会是一种传统的招聘方式。在招聘会上，用人企业和应聘者可以直接进行接洽和交流，节省了企业和应聘者的时间，为双方提供了很多有价值的信息。随着人才交流市场的日益完善，人才招聘会也正朝着专业化的方向发展，如房地产人才专场招聘会、餐饮人才专场招聘会、中高级人才招聘会等。

（5）员工推荐

员工推荐是一种常见而且有效的招聘渠道。具体做法是由本公司的正式员工对所空缺的岗位进行人员推荐，被推荐者多是公司内部员工的亲友，所以他们对公司内部信息和岗位要求有着比较清楚准确的认识；人力资源部门可以更有针对性地进行选择，被录取的员工入职后离职率低，工作满意度高，工作绩效较好。

（6）猎头公司

猎头公司本质上也是一种就业中介组织，但是由于它特殊的运作方式和服务对象，所以经常被看做是一种独立的招聘方式。猎头公司一般适用于高级人才的招聘。

2. 外部招聘的优缺点

外部招聘的优势主要体现在：第一，外部招聘人才来源广，选择余地大，为人才的选拔提供了充足的资源；第二，给企业带来新的观点和新的思想，如同为企业注入了新鲜的血液，使企业焕发新的活力；第三，有利于企业的经营管理，"鲶鱼效应"告诉我们，外聘人才的进入会给原有员工带来压力，造成危机感，能够激发他们潜能，同时避免近亲繁殖；第四，是一种有效的与外部信息交流的方式，企业可借此树立良好的外部形象。

外部招聘的弊端：一是由于信息不对称，往往造成筛选难度大、成本高，甚至出现"逆向选择"；二是外聘员工需花费较长时间来进行磨合和定位，学习成本高；三是外聘人员可能由于本身的稀缺性导致较高的待遇要求，打乱企业的薪酬激励体系；四是外聘可能挫伤有上进心、有事业心的内部员工的积极性和自信心，或者引发内外部人才之间的冲突；五是外聘人员有可能出现"水土不服"现象，无法融入企业文化氛围之中。

四、招聘评估[①]

招聘评估是招聘过程中必不可少的一个环节。招聘评估通过成本和效益核算能够使招聘人员清楚知道费用的支出情况，区分哪些是必须支出项目，哪些是非必须支出项目，这有利于降低今后招聘的费用，

① 中国就业培训技术指导中心：《企业人力资源管理师》，中国劳动社会保障出版社2007年版。

有利于组织节约开支。另外，招聘评估通过对录用员工的绩效、实际能力、工作潜力的评估即通过对员工质量的评估，检验招聘工作成果与方法的有效性，有利于招聘方法的改进。

招聘的成本效益评估是指对招聘中的费用进行调查、核实，并对照预算进行评价的过程。招聘成本效益评估是鉴定招聘效率的一个重要指标。如果成本低，录用人员质量高，就意味着招聘效率高；反之，则意味着招聘效率低。

招聘成本分为招聘总成本与招聘单位成本。招聘总成本是人力资源获取成本，招聘单位成本是招聘总成本与录用人数的比。很显然，招聘总成本与单位成本越低越好。

成本效用评估是对招聘成本所产生的效果进行的分析。它主要包括：招聘总成本效用分析，招聘成本效用分析、人员选拔成本效用分析和人员录用成本效用分析等。

招聘收益成本既是一项经济指标，同时也是对招聘工作的有效性进行考核的一项指标。招聘收益成本越高，则说明招聘工作越有效。

录用人员的质量评估是对员工的工作绩效行为、实际能力、工作潜力的评估，它是对招聘工作成果与方法的有效性检验的一个重要方面。录用人员质量评估是一个滞后指标，实际上是对录用人员的能力、潜力、素质等进行的各种测试，以评估录用员工是否能够快速上岗、是否能够快速融入企业文化以及能否快速为企业创造价值等。质量评估既有利于招聘方法的改进，有对员工培训、绩效评估提供了必要的信息。

录用人员评估主要从录用比、招聘完成比和招聘比三方面进行。其公式为：

录用比 = 录用人数/应聘人数

招聘完成比 = 录用人数/计划招聘人数

应聘比 = 应聘人数/计划招聘人数

辅导练习题

一、单选题

1. 下列不属于内部招募优点的是（　　）。

 A. 准确性高

 B. 适应性快

 C. 激励性强

 D. 费用较高

 参考答案：D

2. 招聘成本效益评估是衡量（　　）的一个重要指标。

 A. 招聘效率

 B. 招聘数量

 C. 招聘质量

 D. 招聘方法

 参考答案：A

3. 在面试提问中，（　　）是让应聘者对某一问题做出明确的答复。

 A. 清单式提问

B. 封闭式提问

　　C. 举例式提问

　　D. 开放式提问

　　参考答案：B

4.（　　）越大说明企业的招聘信息发布得越广、越有效，企业的挑选余地就越大；反之亦然。

　　A. 应聘者比率

　　B. 招聘完成比率

　　C. 员工录用比率

　　D. 员工录用质

　　参考答案：A

5.（　　）属于员工招聘中的无形成本。

　　A. 广告费用

　　B. 时间支出

　　C. 企业放弃其他应聘人员的损失

　　D. 管理费用

　　参考答案：B

二、多选题

1. 外部招募的不足主要体现在（　　）。

　　A. 进入角色慢

　　B. 筛选的难度大且时间长

　　C. 招募成本高

　　D. 影响内部员工的积极性

　　参考答案：ABCD

2. 网络招聘的优点包括（　　）。

　　A. 成本较低

　　B. 选择余地大，涉及范围广

　　C. 方便快捷

　　D. 不受地点和时间的限制

　　参考答案：ABCD

3. 下列对笔试法的描述正确的是（　　）。

　　A. 成绩评定比较主观

　　B. 可以对大规模的应聘者同时进行筛选，花较少的时间达到较高的效率

　　C. 由于考试题目较多．可以增加对知识、技能和能力的考察信度与效度

　　D. 不能全面考察应聘者的态度、品德、管理能力、口头表达能力和操作能力

　　参考答案：BCD

4. 面试问题的提问方式包括（　　）。

　　A. 开放式提问

　　B. 举例式提问

C. 封闭式提问

D. 重复式提问

参考答案：ABCD

第四节　绩效考核

一、绩效考核概述

（一）绩效考核的基本概念

基于影响绩效的因素的多样性、多维性和动态性，绩效考核必须是多角度、多层次的。本书认为绩效考核是指考核主体对照工作目标和绩效标准，采用科学的考核方法，评定员工的工作任务完成情况、员工的工作职责履行程度和员工的发展情况，并且将评定结果反馈给员工的过程。[①]

（二）绩效考核的目的

作为人力资源管理核心职能之一的绩效考核承担着将企业战略目标与整体绩效期望落实到员工个人的任务，并且对每个员工和部门的绩效进行管理、改进和提高从而实现和提升企业整体绩效，进而推动企业的整体实力和竞争优势的增长。

从整个组织的角度来看，组织的目标是被分解到了各个业务单元的目标以各个职位上的每个工作者的目标；而个人目标的达成构成了业务单元目标的达成，组织的整体目标是由各个业务单元的绩效来支持的，也就是由每个员工的绩效来支持的。因而，组织就不可避免地关心以下这些问题：

1. 组织需要将目标有效地分解给各个业务单元和各个员工，并使各个业务单元和员工都积极向着共同的组织目标努力。

2. 组织需要监控目标达成过程中各个环节上的工作情况，了解各个环节上的工作产出，及时发现阻碍目标有效达成的问题并予以解决。

3. 绩效评估的结果可以为人员的调配和人员的培训与发展提供有效信息。一方面，通过人员的调配，使人员充分发挥作用；另一方面，加强对现有人员的培训和发展，增强组织的整体实力。

4. 绩效评估结果作为组织的反馈，用于规划奖惩、职位升降等人力资源的有关活动，并作为员工个人的反馈，以调整或激励员工的工作态度的行为。

考核的过程既是组织人力资源发展的评估和发掘过程，也是了解员工个人发展意愿，制订企业培训计划和为人力资源开发做准备的过程。

（三）绩效考核的内容

对员工绩效的评估主要从三个方面来进行：业绩、能力、态度。

1. 工作业绩，指员工履行当期工作职责和计划目标的效率及效果，也就是员工完成绩效目标计划的情况，主要包括员工完成工作的数量、质量、成本费用、效率等。业绩是公司对员工的工作期望，直接体现出员工在企业中的价值大小，是绩效评估中最重要的组成部分和核心内容。员工工作目标计划来源于组织的发展战略和经营计划。

2. 工作能力，工作能力在本质上是指一个人顺利完成本职工作所必备的并影响工作效率的稳定的个

---

① 付亚和、许玉林：《绩效考核与绩效管理（第二版）》，电子工业出版社2009年版。

性特征，是指员工担当工作所必备的知识、经验与技能。能力考评，是指对员工在其岗位工作过程中显示和发挥出来的能力所作出的评价，包括员工的经验阅历、职务知识、职务技能等。

3. 工作态度，指各岗位员工对待工作的态度、思想意识和工作作风，是员工对某项工作的认知程度及为此付出的努力程度。工作态度是工作能力向工作业绩转换的桥梁，在很大程度上决定了能力向业绩的转化效果。工作态度考评主要选取对工作业绩能够产生较大影响的考评内容。

二、绩效考核的流程

绩效考核的过程通常被看成一个循环，这个循环一般包括六个基本步骤，即绩效计划制订、指标体系构建、绩效考核的实施与管理、绩效评估、绩效反馈与面谈、绩效考核结果的应用。而有效的绩效考核需要营造一个不断提升的封闭的循环系统，当某个环节出现问题，就将该环节开天窗处理，处理完后再封闭。如表4—1所示。

表4—1 绩效考核程序

绩效考核的前馈控制	第一步 制订绩效计划	员工是否履行职责，是否按要求的行为和态度完成目标；任务和关键职责是什么；告诉员工具体的标准和评估方法，应该做什么；员工个人期望与组织目标一致化
	第二步 设计评价体系	怎么评估，评估什么，用什么方法来评估；如评估工作程序还是服务对象的反馈还是计划指标的完成
绩效考核的过程控制	第三步 绩效考核实施与管理	包括监督和指导；监督是为了不产生偏差；指导在出现偏差后解决偏差
绩效考核的反馈控制	第四步 绩效考核评估	就是进行目标与结果的差异比较；评估的前提是标准清晰、信息可靠
	第五步 绩效反馈与面谈	面谈的实质是绩效反馈，让员工知道是否达到组织期望；目的是强调组织期望、帮助员工实现提升
	第六步 绩效考核结果的应用	绩效改进计划是面谈的结果，应该列入下一轮绩效考核计划
绩效考核的过程控制	绩效改进指导	在整个绩效进行过程中进行绩效改进的指导

三、绩效考核指标的确定

绩效考核指标是进行绩效考核的基本要素，制定有效的绩效考核指标是绩效考核取得成功的保证，因此也成为建立绩效考核体系的中心环节，也同时成为企业管理者最关注的问题。

（一）绩效指标的来源

绩效考核指标主要来源于四个方面，

（1）主要工作职责领域；工作职责来自工作分析；

（2）日常工作的管理，这主要来自直线经理人；

（3）上一个考核周期未完成和需要改进的目标，这项工作也来自直线经理人；

（4）绩效考核业绩指标来自企业经营与管理目标的分解。

能够用于评价某一岗位绩效的指标往往很多，但绩效评价不可能面面俱到，否则会降低可操作性，考核结果失真。因此必须根据一定的依据、选择方法来确定考核指标。

（二）绩效指标的选择依据

绩效评价的目的和被评价人员所承担的工作内容与绩效标准是绩效考核指标的选择依据。另外，从评价的可操作性角度考虑，绩效指标的选择还应该考虑所需信息获取的难易程度，这样设计的绩效考核指标才能够真正得到科学、准确的评价。

（三）提取绩效考核指标的方法

提取考核指标的方法主要有工作分析法、个案研究法、业务流程分析法、专题访谈法、经验总结法和问卷调查法六种。

1. 工作分析法。在以提取绩效考核指标为目的的工作分析中，首先需要分析某一职位的任职者需要具备哪些能力，以及该任职者的工作职责；然后，确定以什么指标来衡量任职者能力和工作职责，并指出这些能力的相对重要性，这样就可以明确各位职位的绩效考核指标。

2. 个案研究法。根据考核目的与对象，选择若干个具有典型代表的任务或事件为调研对象，通过系统的观察访谈分析确定评价要素。

3. 业务流程分析法。该方法指的是通过分析被考核人员在业务流程中承担的角色、责任及同上下级之间的关系来确定衡量其工作绩效的指标。

4. 专题访谈法。该方法是研究者通过面对面的谈话，用口头沟通的途径直接获取有关信息的研究方法。

5. 经验总结法。它是指众多专家通过总结经验，提炼出规律性的研究方法。

6. 问卷调查法。设计者根据需要将调查内容设计到一张调查问卷中，然后分发给相关人员填写，收集和征求不同人员意见的一种方法。

（四）提取绩效考核指标的步骤

提取绩效考核指标的步骤可包括为：工作分析、工作流程分析、绩效特征分析、理论验证、要素调查确定指标、修订。

（五）绩效标准的制定

当提取出合适的绩效考核指标后，每个绩效指标还需有相对应的绩效标准。绩效标准分为描述性标准和量化标准，而这两类标准的制定过程存在较大的差异。

1. 描述性标准

描述性标准常运用于行为指标和能力指标中，在对整体性绩效结果的评估中运用较多。描述性标准在能力指标中的应用主要是用来区分被评价者能力或者特质差异的行为因素，需要借助行为指标和相应的描述标准区分优劣。而描述性标准在行为指标中应用的结果是行为特征标准。

2. 量化标准

在绩效考核中，量化标准常常运用在业绩指标中。量化标准能够精确描述指标需要达到的各种状态，被广泛运用于生产、销售、成本控制、质量管理等领域。量化标准要基于企业的历史数据和战略目标（或绩效目标）来制定。

（六）考核指标的权重分配

考核指标体系的量化，包括加权、赋分与计分几项工作，它是在考核指标与考核标准确定后必须要进一步量化的工作。常见的确定绩效考核指标权重的方法有主观经验法、等级序列法、对偶加权法、倍数加权法和权值因子判断表法。

四、绩效考核的过程控制

绩效考核的过程控制包括预先控制、过程控制、事后控制三个阶段。

（一）预先控制

企业在进行绩效考核之前都需要做诸多的准备工作，比如：预测绩效考核结果、考核环境评估、可行性分析、经费预算等；预先控制主要从四个方面入手，包括目标与计划控制、职责与权限控制、制度控制以及人员控制等。如表4—2所示。

表4—2 预先控制

1. 目标与计划	古典管理思想中的目标管理是以职责为基础的计划管理，强调计划、控制、评估中的控制和规范化管理。 行为科学的目标管理是以战略目标为导向，强调激励和共享。 具体说就是把部门职责细化到岗位职责，给出职责权限分配表，权限给出四级分布：（1）承办；（2）审核；（3）复核；（4）批准。
2. 职责与权限控制	只有一切责任有人承担，且可以明确被追究的时候，工作就主动了。 工作谁牵头，谁协作，结果通报给谁等都要明确。 管理控制的理想状态： （1）有经验的人，及时发现问题并纠偏； （2）没有经验的人，及早发现偏差； （3）管理人员要关注员工工作过程，预测偏差。
3. 制度控制	低工资、低素质的员工为什么能提供高质服务，考的是规则！比如：工作服——进入工作状态的标志；收银员在收款过程中要向顾客微笑三次，每次露出8颗牙齿…… 工作流程和工艺流程。 工作规范和作业指导书——强调管理精细化和可操作性：十准十不准（X）；耳环尺寸不能超过一分硬币大小。
4. 人员控制	资格条件 + 行为态度 称职的员工：完成工作的能力；关注质量的意识（责任心）、改善绩效的能力、服从意识、品格问题（诚信、正直） 关键控制点的控制标准和控制手段； 行为准则——强调行为的一致化； 纠偏的手段与奖惩。

（二）过程控制

1. 指导控制（同步控制）：及时发现问题，并纠正偏差，是目标活动控制在规定范围内。

2. 是否控制：对流程中的关键点进行控制，回答是否该继续进行下去。

表4—3 过程控制

常规性控制 （制度控制）	1. 进度控制：质量，成本，交货期	规则控制 （法治）
	2. 费用控制	
	3. 质量控制	
	4. 流程控制	
	5. 行为控制	
非常规性控制 （人治）	6. 对制度不能覆盖的非例行事务控制	依靠管理者的能力，反映管理者能力与水平的高低（人治）
	7. 纠偏、奖惩与现场改善	

（三）事后控制（反馈控制）

反馈控制是建立在结果及其评估基础之上的。评估、分析结果与目标之间的差距，找出差距产生的原因。到底是制度的原因，还是个人的原因（行为、态度）。

事后控制主要包括以下调控的内容：

1. 调整目标与计划体系；

2. 改变职责与权限的分配方式；

3. 对工作与工艺流程进行改造；

4. 对缺乏工作能力的员工进行培训；

5. 人员变更。

五、绩效考核方法

绩效考核的方法，可以有两种不同的分类方式。第一类，按照考核的相对性和绝对性分，可以分为相对评价法和绝对评价法。相对评价法主要包括简单排序法、交替排序法、配对排序法和强制分布法；绝对评价法主要包括自我报告法、业绩评定表法、因素考核法和3600考核法等。第二类，按照考核标准的类型分，可以分为能力特征导向评价方法、行为导向评价方法和业绩导向评价方法。能力特征导向评价方法主要是图解特征法，行为导向评价方法主要是行为锚定法和行为观察法，业绩导向评价方法有产量衡量法和目标管理法。

一个组织采用的考核方法，一般并不是单一的一种方法，而是多种方法的组合，可能是同一类型中的不同方法，也可能是不同类型方法的组合。此处主要介绍相对评价法和绝对评价法。

六、绩效考核反馈与面谈

（一）绩效反馈

绩效反馈是绩效考核的最后一步，是由员工和管理人员一起，回顾和讨论考核的结果，如果不将考核结果反馈给被考核的员工，考核将失去极为重要的激励、奖惩和培训的功能。反馈是一个双向的动态过程，由反馈源、所传送的反馈信息、反馈接受者三部分组成。根据不同的分类依据，绩效反馈有不同的分类方式。绩效反馈一般通过语言沟通、暗示及奖励等方式进行。根据被考核者的参与程度分为指令式、指导式和授权式。根据反馈的内容和形式分为正式反馈和非正式反馈。

（二）绩效面谈

绩效面谈既是考核过程中的重要环节，又是考核结果反馈的重要形式。考核面谈的主要目的，一方面是要让员工了解自己的考核结果背后的原因，以此来增加共识、减少误解和猜疑；更重要的是，通过面谈改善员工的绩效以及为员工的发展提供建议。绩效结果反馈面谈的主要步骤包括：面谈准备、面谈过程控制、确定绩效改进计划。

七、绩效考核结果应用

绩效结果的应用主要包括沟通改进工作、薪酬奖金发放、职务调整、培训与开发等。

薪酬奖金的发放：业绩考核结果应与薪酬直接挂钩，但其所占比例应与具体岗位的特点而有所区别。

职务晋升：能力考核的结果也可以为职务的变动的主要依据，作为晋升、调动以及解聘的参考依据。

员工去留：行为态度考核的结果是决定员工去留的重要依据。

辅导练习题

一、单选题

1. 在管理实践中，人们设计出一些考评员工作为的方法，其中关键事件法是（　　）。

   A. 对事

   B. 对人

   C. 对人不对事

   D. 对事不对人

   参考答案：D

2. （　　）是在本期绩效管理活动完成之后的面谈。

   A. 绩效考评面谈

   B. 绩效总结面谈

   C. 绩效计划面谈

   D. 绩效指导面谈

   参考答案：B

3. 绩效考核是指将员工的（　　）做一比较，而通过工作分析可以确定绩效考核的标准。

   A. 实际绩效与组织的期望

   B. 个人成绩与群众测评

   C. 实际绩效与领导遗志

   D. 实际绩效群众侧评、组织期望

   参考答案：A

二、多选题

1. 企业在招聘人员选拔中常用的方法有（　　）。

   A. 笔试

   B. 面试

   C. 情境模拟

   D. 心理测试

   参考答案：ABCD

2. 绩效考评的类型有（　　）

   A. 上级考评

   B. 同级考评

   C. 下级考评

   D. 自我考评

   参考答案：ABD

第五节　薪酬管理

一、薪酬管理概述

（一）薪酬的相关概念

薪酬是员工为企业提供劳动所得到的各种货币与实物报酬的总和，薪酬的表现形式是多种多样的，主要包括工资、奖金、福利、津补贴、股权等。

1. 工资。通常是指以工时或完成产品的件数计算员工应当获得的劳动报酬，如计时工资或计件工资。

2. 奖金。是单位对员工超额劳动部分或劳动绩效突出部分所支付的奖励性报酬，是单位为了鼓励员工提高劳动效率和工作质量付给员工的货币奖励。奖金的表现形式包括红利、利润分享、嘉奖等。

3. 福利。从本质上看，福利是一种补充性报酬，往往不以货币形式直接支付，而多以实物或服务的形式支付。如社会保险、带薪休假、廉价住房、免费的午餐、班车等。福利同工资薪金一样是员工劳动所得，属于劳动报酬的范畴。

4. 津补贴。是指对工资难以全面、准确反映的劳动条件、劳动环境、社会评价等等对员工身心造成某种不利影响或者为了保证员工工资水平不受物价影响而支付给员工的一种补偿。

5. 股权。作为一种长期激励的手段，企业以股权的形式作为对员工的薪酬，能够让员工为企业长期利润最大化而努力。

薪酬管理是指一个组织针对所有员工所提供的服务来确定他们应当得到的报酬总额，以及报酬结构和报酬形式的这样一个过程。在这个过程中，企业必须就薪酬水平、薪酬制定、薪酬结构、薪酬形式以及薪酬管理政策等做出决策，同时，作为一种持续的组织过程，企业还要持续不断地制定薪酬计划、拟定薪酬预算、就薪酬管理问题与员工沟通，同时对薪酬系统本身的有效性做出评价并不断地进行完善。[①]

（二）薪酬要素及其组合

从现代薪酬职能管理出发，可以将薪酬划分为基本薪酬、可变薪酬（绩效薪酬）、间接薪酬（福利薪酬）三部分。

1. 基本薪酬

基本薪酬，也称固定薪酬或标准薪酬，是指一个组织根据员工所承担或者完成的工作本身或者是员工所具备的完成工作的技能或能力而向员工支付的稳定性报酬。它是企业员工薪酬收入的主体部分，也是确定员工其他报酬形式的基础。

基本薪酬通常由基础工资（底薪）、工龄工资、职位工资、职能工资中的一种或几种构成。一般情况下，企业使用较多的基本薪酬制度是职位工资制。另外，一些企业也采用技能工资制以及薪点工资制等作为基本薪酬制度。

2. 可变薪酬

可变薪酬，又称浮动薪酬或绩效薪酬，它是薪酬系统中与绩效直接挂钩的部分。可变薪酬的目的是在绩效和薪酬之间建立起一种直接的联系，从而使可变绩效对于员工具有很强的激励性，对于企业绩效

---

① 刘昕：《薪酬管理》，中国人民大学出版社 2002 年版。

目标的达成起着非常积极的作用。有助于企业强化员工个人、员工群体乃至于公司全体员工的优秀绩效，从而达到节约成本、提高产量、改善质量以及增加收益等多种目的。

3. 间接薪酬

间接绩效，又称福利薪酬。是指企业为员工提供的各种与工作和生活相关的物质补偿和服务形式，包括：员工法定福利、集体福利和个人福利等。

企业福利包括三个层面：社会福利，主要是指社会保险和社会保障制度；企业福利，主要是指企业举办或通过社会服务机构举办的工员工集体享用的福利性设备和各种工作生活服务，例如住房计划、企业年金和保健计划、带薪休假、集体生活设施和服务以及满足员工多种需要的培训等；员工个人福利，主要指对特殊岗位和特殊身份的员工所提供的某些福利。就三个层面的员工福利而言，社会层面具有法律强制性质，企业福利和员工个人福利除非在集体合同、管理规则和劳动合同中出现，否则不具法律约束性。

（三）薪酬的功能

1. 维持和保障功能。薪酬是企业员工获取个人及其家庭生活费用，满足物质生活需要的主要来源。

2. 激励功能。通过薪酬杠杆可以吸引和留住企业所需的人才，发掘员工的潜能，提高员工的工作绩效。薪酬也可以在一定程度上起到满足员工精神和社会地位需求的作用，使员工产生成就感，激发员工的工作热情。

3. 配置功能。薪酬是企业合理配置劳动力，提高企业效率的杠杆。

4. 竞争功能。企业薪酬水平是企业实力的体现，企业为了获得在劳动力市场的竞争优势，需要保持高于市场的薪酬水平，以吸引企业所需要的人才。

5. 导向功能。管理者可以将企业的政策、目标、计划的意图，通过薪酬计划和薪酬政策表达出来。薪酬不仅是企业当前管理的有效工具，也是未来管理的导向器，服务于企业战略管理的需要。

二、企业薪酬管理基本流程①

企业薪酬管理是一个过程，也是一个严谨的管理系统。企业薪酬管理的基本流程为：从最初的管理理念和战略出发，以客观的评价（市场价格、工作或职位评价、个人评价）为基础，确定岗位、团队、员工的分配比例和薪酬标准，最终通过管理和实施将一定数量和形式的薪酬发放到每一个雇员的手中。因此，现代薪酬管理不是简单的劳动力交换过程，它要体现薪酬的各种功能，表现为极为复杂的利益关系。其管理过程如图4—2所示。

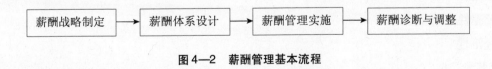

图4—2 薪酬管理基本流程

（一）薪酬战略的制定

薪酬战略是具有战略性的薪酬决策，它主要关心通过薪酬管理来实现提供组织绩效的目的。制定薪酬战略时，首先要确定为了实现组织在市场上的竞争优势，薪酬管理必须做什么，进而确定薪酬的战略目标；然后，再确定薪酬管理的哪些要素能够实现上述目标。

① 李新建、孟繁强、张立富：《企业薪酬管理概论》，中国人民大学出版社2006年版。

（二）薪酬准备

在薪酬体系设计之前需要先做一些准备工作，比如：职位分析、职位评价、薪酬调查等。

（三）薪酬体系及其框架

薪酬体系是指在薪酬战略的引导下，由薪酬水平、薪酬结构、薪酬组合以及支付方式等构成的薪酬分配与管理系统。

（四）薪酬管理实施、诊断与调整

薪酬管理实施过程中主要涉及薪酬管理政策的执行。薪酬管理政策主要是指薪酬管理决策是如何制定和实施的，包括信息政策、决策政策和沟通政策。

企业薪酬诊断就是要了解和分析企业在薪酬体系方面存在的问题，并针对这些问题提出有效的解决方法，以恢复和改进薪酬体系的功能和效能。因此薪酬诊断是企业进行薪酬调整的前提，也是企业新的薪酬政策实施的必要途径。对薪酬体系的诊断首先应从战略的角度予以把握，在战略指导下，薪酬体系诊断包括薪酬政策诊断、薪酬水平诊断、薪酬结构诊断和薪酬组合诊断。

企业薪酬体系的调整是指企业对薪酬水平、薪酬结构以及薪酬组合的调整，特指为促进薪酬管理的有效性所进行的薪酬体系的调整或改变。薪酬调整有三个目标：其一，使薪酬对内更加具有公平性，对外更加具有竞争力；其二，员工薪酬满意度提高；其三，管理更加便利和有效。

辅导练习题

一、单选题

1. 外部薪酬包括直接薪酬和间接薪酬，间接薪酬又称（　　）。

　　A. 福利

　　B. 工资

　　C. 薪资

　　D. 薪金

　　参考答案：A

2. 根据员工的实际贡献支付报酬，并适当拉开差距，使业绩好的员工得到鼓励，业绩差的员工，努力去改进业绩，这体现了薪酬管理的（　　）原则。

　　A. 竞争力

　　B. 激励性

　　C. 公正性

　　D. 经济性

　　参考答案：B

3. 最低工资标准由（　　）规定。

　　A. 企业自行

　　B. 国务院或人大常委会

　　C. 主管部门

　　D. 各省、自治区、直辖市

　　参考答案：D

4. 以下表述不正确的是（　　）。

　A. 薪酬实质上是一种交易或交换

　B. 薪酬不包括实物性的报酬

　C. 薪酬应体现效率与公平的原则

　D. 薪酬应服从市场交换规律

　参考答案：B

5. 下列选项中（　　）是员工为企业提供劳动所得到的各种货币和实物报酬的总和。

　A. 工资

　B. 福利

　C. 津补贴

　D. 薪酬

　参考答案：D

二、多选题

1. 影响员工个人薪酬水平的因素包括（　　）。

　A. 劳动绩效

　B. 工会的力量

　C. 工作条件

　D. 员工的技能

　参考答案：ACD

2. 企业员工薪酬管理的基本目标包括（　　）。

　A. 确立薪酬激励机制

　B. 保证内部公平

　C. 吸引并留住优秀人才

　D. 合理控制企业人工成本

　参考答案：ABCD

3. 确定和调整最低工资标准应考虑的因素包括（　　）。

　A. 员工的个人意愿

　B. 社会平均工资水平

　C. 管理人员的意愿

　D. 劳动就业实际情况

　参考答案：BD

4. 薪酬的表现形式是多种多样的，以下是薪酬的表现形式的有（　　）。

　A. 工资

　B. 奖金

　C. 福利

　D. 津补贴

　参考答案：ABCD

5. 以下属于福利的是（　　）。

A. 社会保险

B. 带薪休假

C. 免费的午餐

D. 班车

参考答案：ABCD

6. 从现代薪酬职能管理出发，可以将薪酬划分为（ ）。

A. 基本薪酬

B. 可变薪酬

C. 间接薪酬

D. 岗位薪酬

参考答案：ABC

7. 关于工时的立法主要包括（ ）。

A. 工作时间

B. 工作日

C. 加班加时制度

D. 带薪休息休假制度

参考答案：ABCD

第六节 人力资源管理与劳动关系管理的关系

一、人力资源管理与劳动关系管理

人力资源管理和劳动关系管理有着很多相通的地方，自从雇佣现象产生开始，劳动关系管理和人力资源管理对工作场所问题的研究就都包含了雇主、员工和社会这三种视角，只是其侧重点不同。劳动关系管理是以上三种解决途径的一个总和，客观中立是劳动关系管理的价值出发点，而人力资源管理则主要从雇主角度出发寻找解决方案，维护企业利益是其价值出发点。

考夫曼（2001）认为劳动关系管理与人力资源管理有以下不同：（1）人力资源管理强调由雇主解决劳动问题；劳动关系管理强调由劳资双方来解决。（2）人力资源管理主要采用内在的视角看待雇佣问题；劳动关系管理主要采用外部的视角。（3）人力资源管理的主要目标是组织的效益/效率；劳动关系管理的目标是把组织效益/效率与员工福利结合起来。（4）人力资源管理采用的是工具性的方法来提高雇员的利益；劳动关系管理则把雇员利益视为一个更为重要的独立的目标。（5）人力资源管理集中在雇主和雇员之间建立一个利益共同体；劳动关系管理主要考虑利益冲突问题的解决。（6）人力资源管理把管理人员的权力看作是实现组织效率/效益所必需的；劳动关系管理则假定管理人员的权力是需要审查和制衡的。（7）人力资源管理假设冲突不是不可避免的，并可以通过管理实践减少冲突；劳动关系管理认为冲突是不可避免的，并需要第三方的干预。（8）人力资源管理视管理人员为积极的管理成果主要贡献者，工会和政府只是偶尔需要，而且经常会对管理造成限制；劳动关系管理同样视管理人员为管理成果的主要贡献者，但是只有在强大的工会和政府立法的辅助下才起作用①。

二、人力资源管理调整劳动关系的一般机理

人力资源管理与劳动关系的状态存在内在的关联，人力资源管理具有调整劳动关系的功能，因此，能够有效促进劳动关系的和谐；同时，某种特征的劳动关系也决定了人力资源管理手段、方法或技术的采用。一般的，人力资源管理在进行劳动关系管理时主要包括三个层面的内容，分别是实施人力资源管理功能、使企业与员工达成一致以及间接改善和协调劳动关系，如图4—3所示。

（一）实施人力资源管理功能

迈克·比尔认为，人力资源管理是包括会影响雇主和雇员之间关系的性质的（人力资源）所有管理决策和行为。在实施人力资源管理的过程中，企业的管理者所进行的自我约束和自我规范表现出了其营造和谐的劳动关系的愿望，这本身就体现了把人本管理思想贯穿于劳动关系协调过程的思想，因而，从本质上说这是一种追求双赢的劳动关系协调模式。

具体来说，实施人力资源管理的途径主要包括人力资源规划、组织架构与岗位管理、薪酬设计与激励裁员管理等。这些途径强调了企业的所有管理人员，尤其是经营管理人员在人力资源管理中的作用，使得人力资源管理能够更有效地发挥沟通、协商、参与等方面的独特功能，这在无形中促进了企业劳动关系的和谐发展。这从本质上说，就是一种追求双赢的劳动关系的管理模式。

（二）使企业与员工达成一致

组织通过实施人力资源管理的一系列职能后，则进入了人力资源管理调整劳动关系的一般机理的第二个层面，即促使组织和员工的书面契约和心理契约达成一致。

1. 书面契约

狭义的书面契约是指企业与员工之间签订的外显的、受法律保护的书面协议，而广义的书面契约是指企业与员工达成一致并共同遵循的外显的、受法律保护的书面协议，其主要形式包括劳动合同、管理制度、劳动合同附加协议等。

其中，劳动合同作为书面契约的最主要广泛的形式，它建立在企业和员工协商一致的基础上，明确了企业与员工双方的权利与义务，是产生劳动关系的根据；根据《公司法》第十八条第三款规定，公司研究决定改制以及经营方面的重大问题、制定重要的规章制度时，应当听取公司工会的意见，并通过职工代表大会或者其他形式听取职工的意见和建议。因此，管理制度是建立在企业与员工协商一致的基础上达成的书面协议，也可以看作是一种书面契约。

2. 心理契约

克里斯·阿吉里斯（Chris Argyris）首次提出了"心理契约（psychological contract）"这一概念，它是指雇主和雇员在签订书面契约之外存在的非正式的、隐含的、知觉性的不受法律保护的期望。

从本质上看，心理契约是以人为本的企业文化的体现。与书面契约不同，心理契约的内容不会采用书面的方式表达，通常也不会明确表述出来，它可以看作是存在于员工与企业之间的隐性契约，需要企业和员工双方达成一致并共同遵守。因此，企业需要坚持以人为本，形成尊重和关心员工的企业文化。

---

① 资料来源：Bruce E, Kaufman, "Human resources and industrial relations Commonalities and differences", *Human resource management review*, 11 (2001) 339 – 374.

（三）间接改善和协调劳动关系

当组织和员工的书面契约和心理契约的达成一致后，根据人力资源管理调整劳动关系的一般机理，组织将进入第三个层面，即通过间接途径实现工作场所劳动关系协调。间接改善和协调劳动关系的途径主要有两个，一是通过员工与组织双向承诺，二是通过企业经营绩效。

员工与组织的双向承诺是指员工对企业的组织承诺与企业对员工的雇主承诺这两种合力交互作用下的承诺情况。具体来看，组织承诺通常是指员工随着对组织单方面的投入增加，而在工作上愿意充分投入的一种态度或心理倾向，组织承诺往往强调员工的组织承诺；而企业对员工的组织雇主承诺表现为企业满足员工需求、给予员工支持的程度。一方面，企业期望员工能为组织的利益付出更多的努力；另一方面，员工期望能够得到企业更多的支持和回报，若双方的期望能够积极互动，便产生了员工与组织的双向承诺。企业通过建立、维持和强化员工对组织的承诺与组织对员工的责任，使得员工与企业不仅仅建立在交换关系和劳动契约上，更升华为企业和员工共同发展的内在共识①。

企业经营绩效一般是指一定经营期间的企业经营效益和经营者业绩。长期来看，企业经营绩效会对企业的激励机制、薪酬福利水平等产生影响，同时也会对员工对企业的期望产生影响，进而间接影响到劳动关系的和谐度，因而，通过提高企业经营绩效，也能够间接地改善和协调企业和员工的劳动关系。

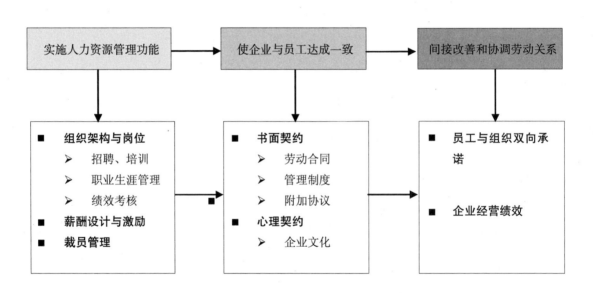

图4—3　人力资源管理调整劳动关系的一般机理

辅导练习题

一、单选题

1. 劳动关系管理的价值出发点是（　　）。

　　A. 为雇主服务

　　B. 客观中立

　　C. 企业经济利益最大化

---

① 朱少英：《双向承诺视角下知识型员工管理——理论与市政研究》，经济科学出版社 2009 年版。

D. 以人为本

参考答案：B

2. （　　）是指劳动法律规范在调整劳动关系过程中所形成的劳动者与用人单位之间的权利与义务关系。

A. 劳动法律关系

B. 劳动合同关系

C. 劳动行政关系

D. 劳动雇佣关系

参考答案：A

3. 延长工作时间是指超过（　　）长度的工作时间。

A. 定额工时

B. 实作工时

C. 实耗工时

D. 标准工时

参考答案：D

二、简答题

请简述考夫曼认为的劳动关系管理与人力资源管理的不同。

标准答案：

（1）人力资源管理强调由雇主解决劳动问题；劳动关系管理强调由劳资双方来解决。

（2）人力资源管理主要采用内在的视角看待雇佣问题；劳动关系管理主要采用外部的视角。

（3）人力资源管理的主要目标是组织的效益/效率；劳动关系管理的目标是把组织效益/效率与员工福利结合起来。

（4）人力资源管理采用的是工具性的方法来提高雇员的利益；劳动关系管理则把雇员利益视为一个更为重要的独立的目标。

（5）人力资源管理集中在雇主和雇员之间建立一个利益共同体；劳动关系管理主要考虑利益冲突问题的解决。

（6）人力资源管理把管理人员的权力看作是实现组织效率/效益所必需的；劳动关系管理则假定管理人员的权力是需要审查和制衡的。

（7）人力资源管理假设冲突不是不可避免的，并可以通过管理实践减少冲突；劳动关系管理认为冲突是不可避免的，并需要第三方的干预。

（8）人力资源管理视管理人员为积极的管理成果主要贡献者，工会和政府只是偶尔需要，而且经常会对管理造成限制；劳动关系管理同样视管理人员为管理成果的主要贡献者，但是只有在强大的工会和政府立法的辅助下才起作用。

劳动经济学

学习目标

1. 掌握与劳动力市场有关的一些定义，理解劳动力市场运行的特点。

2. 掌握劳动力需求和供给的影响因素，掌握劳动力需求和供给的工资弹性，掌握完全竞争条件下的劳动力需求分析，掌握劳动力供给行为分析和工作时间决策。

3. 掌握均衡价格工资理论及工资报酬的相关内容，掌握总报酬模型，了解收入分配不平等的衡量。

4. 理解人力资本和人力资本投资的含义，掌握人力资本投资的基本原则，理解教育投资和在职培训的成本收益分析的基本原理。

5. 掌握劳动力流动的形式、意义和代价，理解劳动力流动模型，理解影响劳动力流动的因素。

6. 掌握劳动力市场歧视的定义，理解劳动力市场歧视理论，掌握性别歧视的形式，了解性别歧视的衡量方法。

第一节　劳动力市场

一、与劳动力市场有关的一些定义

（一）劳动力、就业与失业

劳动力是人的劳动能力，即人在劳动过程中所运用的体力和智力的总和。在现代劳动经济学体系中，劳动力又特指在一定的年龄范围内，具有劳动能力和劳动要求，愿意参加付酬的市场性劳动的全部人口。没有就业意愿或就业要求的人口不属于劳动力的范畴。

根据国际劳工组织的定义，所谓就业者是指那些在过去一周中从事了至少一个小时有收入的工作或者暂时离开了工作岗位（例如休假）的人；失业者则是指那些不工作、积极寻找工作且能够立即工作（到岗）的人；而非经济活动人口（非劳动力）是那些不工作而又不满足国际劳工组织失业标准的人。

我国规定最低就业年龄为16周岁。劳动力资源的范围为在劳动年龄内，有劳动能力，实际参加社会劳动和未参加社会劳动的人员，劳动力资源不包括在押犯人、在劳动年龄内丧失劳动力能力的人员及16周岁以下实际参加社会劳动的人员。劳动力资源又划分为经济活动人口和非经济活动人口。经济活动人口指在16周岁及以上，有劳动能力，参加或要求参加社会经济活动的人口，包括就业人员和失业人员。就业人员指在16周岁及以上，从事一定社会劳动并取得劳动报酬或经营收入的人员。这一指标反映了一定时期内全部劳动力资源的实际利用情况。目前，我国统计部门只对城镇失业人员进行了统计，没有对农村失业人员进行统计，而且只统计了"城镇登记失业人员"。所谓"城镇登记失业人员"是指有非农业户口，在一定的劳动年龄内（16 周岁至退休年龄），有劳动能力，无业而要求就业，并在当地劳动保障部门进行失业登记的人员。①

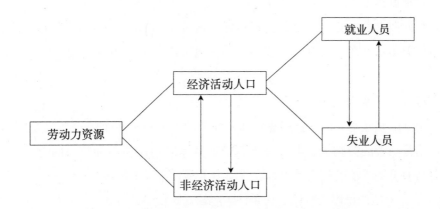

图 5—1　中国劳动力市场分类的一些基本定义之间的关系

劳动力市场中存在着大规模的劳动力流动，在每一种劳动力市场状态中，劳动力的数量和身份总是不断变化的，主要的流动形式有以下四种。

1. 由于自愿辞职或被解雇（非自愿地、暂时或永久地离开企业），就业者变成失业者；

2. 失业者由于新近被雇用或被召回原岗位，失业者变成就业者；

3. 无论是就业者或失业者，由于退休或决定不再承担或不再寻求有报酬的工作（中途退出），劳动力变成非劳动力；

4. 由于以前从未工作或从未有过求职经历者的进入，或者由于中途退职者的重新加入，劳动力的数量扩大了。

（二）反映劳动力就业和失业状况的几个常用指标

为了反映劳动力的就业和失业状况，人们经常采用一些比率指标，常用的有：劳动参与率、就业率、失业率、城镇失业率、自然失业率等。

劳动参与率是经济活动人口（包括就业者和失业者）占劳动年龄人口的比率，是用来衡量人们参与经济活动状况的指标。根据经济学理论和各国的经验，劳动参与率反映了潜在劳动者个人对于工作收入与闲暇的选择偏好，它一方面受到个人保留工资、家庭收入规模，以及性别、年龄等个人人口学特征的影响；另一方面受到社会保障的覆盖率和水平、劳动力市场状况等社会宏观经济环境的影响。

就业率指就业人口在劳动力人口中所占的比重。可以反映在劳动力人口中有多少在从事商品或服务的生活活动，从而为整个经济创造财富。

失业率指失业人口在劳动力人口中所占的比重。通常有登记失业率与调查失业率两种。登记失业率指根据在劳动部门登记的失业人数计算的失业率；调查失业率则是根据调查失业人数计算的失业率。二者通常会有些差距。

---

① 国家统计局：《中国统计年鉴（2011）》，中国统计出版社 2011 年版。

二、劳动力市场的运行

劳动力市场是指把劳动者配置于不同的工作岗位，并且协调就业决策的市场。

（一）劳动力市场概念和类型

任何市场都有买方和卖方，劳动力市场也不例外。在劳动力市场上，买方是雇主，卖方是雇员。全国性劳动力市场是指买卖双方在全国范围内彼此搜寻；地区性劳动力市场则指买卖双方仅在地区范围内彼此搜寻。

（二）劳动力市场的构成与特点

劳动力市场的主体由相互对立的两极构成：其一为劳动力的所有者个体，其二为使用劳动力的雇主。劳动力市场的客体是劳动者的劳动力，即存在于劳动者身体之内的体力和智力的总和——劳动能力。同时，劳动力也是劳动力市场关系的物质承担者。劳动力市场具有以下性质：

1. 劳动力市场是社会生产得以进行的前提条件。

2. 劳动力与雇主的交换行为，使交换双方各自得到所需要的使用价值，实现各自的效用；在交换的过程之中，各方从自身利益角度出发，进行经济计量，能够使双方接受交换的结果，因而其交换只能是一种等价交换。

3. 劳动力市场的劳动交换，决定了劳动力的市场价值——工资。劳动力价格——工资是实现和决定这种交换行为的必要手段。

4. 通过劳动力市场的交换，实现劳动要素与非劳动生产要素的最佳结合，是一种具有最高效率、消耗最低费用的最经济的形式。

劳动力市场的本质属性，是指劳动力市场所维护、反映和调节的经济利益的性质。

（三）劳动力市场的运行

如图5—2所示，劳动力市场是企业为了生存而必须参与的三个市场之一，另外两个市场是资本市场和产品市场。劳动力市场和资本市场是企业购买投入要素的主要市场，产品市场是企业出售产品的市场。当然，实际上一个企业可能同时置于不同的劳动力、资本和产品市场上。

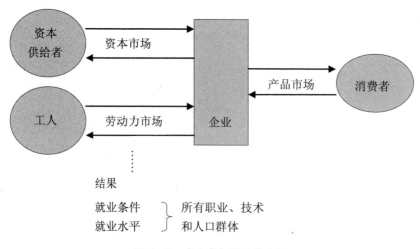

图5—2　企业参与运行的市场

劳动力市场研究从劳动力的需求分析开始，并以劳动力的供给分析结束。劳动力市场的需求方是雇主，其关于雇用劳动力的决策受三个市场条件的影响；劳动力市场的供给方是劳动者和潜在的劳动者，这些人在做出是否提供劳动以及在何处提供劳动的决策时，必须考虑到他们的其他时间花费方式。

辅导练习题

一、单项选择题

1. 在我国，以下在劳动年龄范围内却不能被统计为劳动力资源的是（　　）。

    A. 有劳动能力者

    B. 从事社会劳动但暂时没有获得劳动报酬或经济收入者

    C. 暂时失业等待被召回者

    D. 没有工作也不积极寻找工作者

    参考答案：D

2. 我国规定的最低就业年龄为（　　）。

    A. 14 周岁

    B. 16 周岁

    C. 17 周岁

    D. 18 周岁

    参考答案：B

3. 统计城镇登记失业人员时（　　）。

    A. 只包括农村失业人员

    B. 只包括城镇失业人员

    C. 既包括农村失业人员，也包括城镇失业人员

    D. 只包括城镇失业人员，且在当地劳动保障部门进行失业登记的人员

    参考答案：D

4. 劳动力市场的供给方是（　　）。

    A. 企业

    B. 劳动者和潜在劳动者

    C. 劳动者

    D. 政府

    参考答案：B

5. 以下不属于反应劳动力就业和失业状况的常用指标是（　　）。

    A. 劳动参与率

    B. 就业率

    C. 失业率

    D. 人口出生率

    参考答案：D

二、多选题

1. 在我国，劳动力资源统计必须满足的条件是（　　）。

A. 年龄在 16 周岁及以上且有劳动能力者

  B. 实际参加社会劳动的人员

  C. 没有工作但积极寻找工作者

  D. 没有工作且不要求工作者

  参考答案：ABC

2. 劳动力资源不包括（ ）。

  A. 在押犯人

  B. 在劳动年龄内丧失劳动力的人

  C. 16 周岁以下实际参加社会劳动的人员

  D. 没有工作也不积极寻找工作的人

  参考答案：ABCD

3. 影响劳动参与率的因素有（ ）。

  A. 个人保留工资

  B. 家庭收入规模

  C. 性别年龄差异

  D. 劳动力市场状况

  参考答案：ABCD

4. 以下对次级劳动力市场的描述正确的是（ ）。

  A. 岗位大多数都比较稳定

  B. 报酬比较丰厚

  C. 岗位多不稳定

  D. 报酬较低

  参考答案：CD

5. 以下对次级劳动力市场的描述不正确的是（ ）。

  A. 岗位大多数都比较稳定

  B. 报酬比较丰厚

  C. 岗位多不稳定

  D. 报酬较低

  参考答案：AB

第二节　劳动力需求与供给

  任何市场都有买方和卖方，劳动力市场也不例外。在劳动力市场上，买方是雇主，即劳动力需求方；卖方是雇员，即劳动力供给方。

一、劳动力需求

（一）劳动力需求概述

劳动力需求是指在某一个特定时期内，在某种工资率下，雇主愿意并能够雇用的劳动力数量。

（二）影响劳动力需求的因素

1. 工资变化对劳动力需求的影响

在假设其他条件不变的情况下，如果工资率提高，劳动力的需求量会有两种效应：一是规模效应，二是替代效应。劳动力需求与工资率存在负相关关系，即工资率提高，劳动力需求减少；工资率降低，劳动力需求增加。

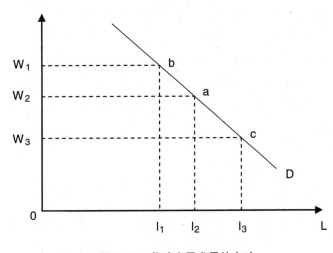

图5—3 劳动力需求量的变动

图5—3中，横轴为劳动力需求量，纵轴为工资率，D为劳动力需求曲线。当工资率为W_0时，劳动力需求量为l_0，在需求曲线D上为a点。工资率由W_0提高到W_1时，需求量由l_0下降到l_1，在需求曲线D上由a向左上移动到b点。工资率由W_0下降到W_2时，劳动力需求量由l_0增加到l_2，在需求曲线上由a向右下移动到c点。

2. 资本价格变化对劳动力需求的影响

分析另一种投入要素价格变化对劳动力需求影响的方法，需要考虑规模效应和替代效应。假设产品需求、技术、劳动力供给条件不变，但是资本的供给发生变化，使资本价格下降。

首先，当资本价格下降时，生产成本势必下降，进而刺激生产的扩张。在既定的工资水平下，会提高就业水平。因此，在每一种工资水平下，资本价格下降产生的规模效应会增加对劳动力的需求。

其次，是资本价格下降产生的替代效应。由于资本更加便宜，企业将采用资本更加密集型的技术，用资本替代劳动，即生产一定量的产品，劳动力的需求量比以前减少。由于在每一种工资率的情况下的

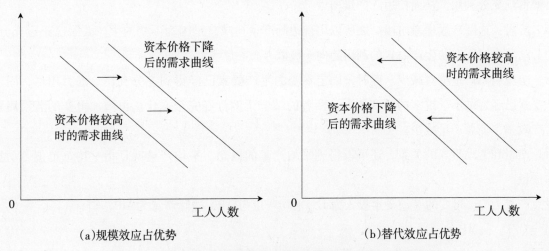

（a）规模效应占优势   （b）替代效应占优势

图5—4 资本价格下降导致的劳动力需求曲线可能发生的变化

劳动力需求量减少，劳动力需求曲线向左移动。

因此，资本价格的下降对劳动力需求产生两种相反的效应：规模效应导致劳动力需求曲线右移，替代效应导致劳动力需求曲线左移。如图 5—4 所示，任何一种效应都可能占优势。因此，经济理论不能明确地预测资本价格如何影响劳动力需求。

3. 产品需求对劳动力需求的影响

假定对某个特定行业的产品需求增加，无论产品价格如何，仍能够出售更多的产品或劳务；同时假定该行业可以利用的技术、资本和劳动力供给的条件不变。随着该行业的企业对利润最大化的追求，产量水平会明显提高，规模（或产出）效应在给定的工资率下将增加对劳动力的需求量（只要资本与劳动的相对价格不变，就不存在替代效应）。这时，劳动力需求曲线向右移动。如图 5—5 所示，劳动力需求曲线从 D 移向 D′。这种右向移动说明，对应于任何一种可能的工资率，工人的需求量增加。

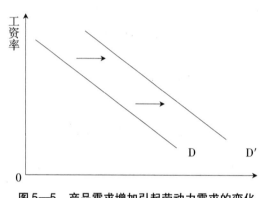

图 5—5　产品需求增加引起劳动力需求的变化

（三）完全竞争条件下的劳动力需求分析

1. 边际生产力递减规律

短期生产实际上就是产量取决于可变要素的投入。可变要素投入发生变化，产量相应地发生变化。当把可变的劳动投入增加到不变的其他生产要素上，最初劳动投入的增加会使产量增加；但是当其增加超过一定限度时，增加的产量开始递减。这就是劳动的边际生产力递减规律。

在其他生产要素不变时，由劳动投入的增加所引起的产量变动可以分为三个阶段：

第一阶段：边际产量递增阶段。所谓边际产量，是指由于增加一个单位的劳动要素投入而增加的产量。这是因为在开始时不变的生产要素没有得到充分的利用，劳动投入的不断增加，可以使固定不变的生产要素得到充分利用，从而使边际产量递增。

第二阶段：边际产量递减阶段。之所以出现边际产量递减，是因为不变的生产要素已接近充分利用，可变的劳动要素对不变的生产要素的利用趋向于极限。

第三阶段：总产量绝对减少。此时，固定不变的生产要素已经得到充分利用，潜力用尽，固定不变的生产要素已经容纳不了过多的可变要素，两者的结合比例已经完全恶化。再增加可变的劳动用素只会降低生产效率，使总产量减少。

由总产量和劳动投入的关系，还可以得到平均产量的概念。平均产量就是指平均每单位劳动投入所生产的产量。

设总产量为 Q，可变的劳动要素投入为 L，平均产量为 AP，边际产量为 MP，则有：

$AP = Q/L$　　　　$MP = \triangle Q/\triangle L$

在图 5—6 中，横轴为劳动收入 L，纵轴为总产量、平均产量和边际产量；对应三种产量的曲线为 TP、

MP 和 AP。从图中可以看到如下特点：

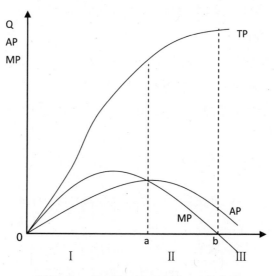

图5—6　总产量、平均产量、边际产量

其一，TP、AP、MP 三条曲线都是先增后减。第一阶段，AP 递增；第二阶段，MP 递减；第三阶段，MP 为负值。

其二，AP 与 MP 的交点为 AP 的最大值。两条曲线相交前，AP < MP；相交后，AP > MP。

其三，当 MP = 0 时，总产量取得极大值。

根据图中表示的总产量、平均产量、边际产量和劳动投入的关系，可以清楚地看到企业在资本等生产要素固定不变时，劳动投入对产出的影响。在区域Ⅰ，平均产量 AP 一直在增加，并且边际产量 MP 大于平均产量 AP。所以，劳动投入至少要增加到 a 点才能使平均产量最大。在区域Ⅱ，劳动投入的变动区间为 a—b 点，这一区域平均产量下降，边际产量递减。但劳动投入增加仍可使总产量增加，只不过增加的比率是下降的。到 b 点时，边际产量为零，总产量最大。在区域Ⅲ，劳动投入量大于 b 点，边际产量为负，总产量也在绝对减少。

由此可见，企业在资本等生产要素固定不变时，劳动投入的增加量应在区域Ⅱ，即 a—b 区间。

2. 企业短期劳动力需求的决定

企业若以人均产量最大为目标，劳动投入量 a 点最佳；若以总产量最大为目标，劳动投入量 b 点最佳；若以利润最大为目标，就不能简单地说了，它要取决于产品价格与生产费用。因此，企业短期劳动力需求的决定，就必须结合成本和价格来分析。企业劳动力需求的决定，是对增加劳动力所支出的成本和其所能增加的收入进行比较后才能做出的。

前已述及，由增加一单位劳动要素投入所增加的产量定义为劳动的边际产量，也叫做边际产品。边际产品按照现行价格出售，则企业得到的收入增量就是劳动的边际产品价值（VMP）。因为完全竞争的市场，产品价格不变，劳动的边际产品价值等于劳动的边际产品收益。设劳动的边际产品收益为 MRP，劳动的边际产品价值为 VMP，产品的价格为 P，则有：

MRP = VMP = MP·P

即在完全竞争的市场结构中，资本等生产要素不变，唯一可变的是生产要素为劳动投入，那么，由于增加单位劳动而给企业增加的收益为劳动的边际产品价值，它等于劳动的边际产品乘以价格。

短期企业唯一可变的生产要素是劳动投入，故可变的成本也就是工资。增加单位劳动投入所增加的成本称为边际成本，设为 MC。显然，MC = W。从经济学原理可知，企业实现利润最大化的目标，必须使其边际收益等于边际成本，即 MRC = MC，因为 MRP = VMP，MC = W，所以，在完全竞争条件下，短期企业劳动力需求决定的原则是：MRP = VMP = MP · P = MC = W。

（四）劳动力需求的工资弹性

劳动力需求量变动对工资率变动的反应程度定义为劳动力需求的工资弹性。其计算公式是：劳动力需求量变动的百分比与工资率变动的百分比的比值。

设 E_d 为劳动力需求的工资弹性，我们用 $\Delta D/D$ 表示劳动力需求量变动的百分比，用 $\Delta W/W$ 表示工资率变动的百分比。根据定义，其公式为：

$$E_d = \frac{\Delta D}{D} \bigg/ \frac{\Delta W}{W}$$

因为劳动力需求量与工资率存在反向关系，故劳动力需求的自身工资弹性值为负值。在通常情况下，人们一般关注它的绝对值。

根据劳动力需求的工资弹性的不同取值，可将劳动力需求的工资弹性分为五类：

1. 需求无弹性，即 $E_d = 0$

工资率不论如何变化，劳动力需求量固定不变。无弹性的劳动力需求曲线是一条与横轴垂直的线，如图 5—7 中的 A。

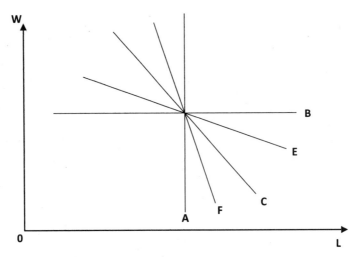

图 5—7　劳动力的需求曲线

2. 需求有无限弹性，即 $E_d \to \infty$

工资率不变，或者更准确地说其变动的百分比为零，而劳动力需求量变动的百分比的绝对值大于 0。有无限弹性的劳动力需求曲线与横轴平行，如图 5—7 中的 B。

3. 单位需求弹性，即 $E_d = 1$

此时，工资率变动的百分比与需求量变动的百分比的绝对值相等。这时的劳动力需求曲线是与横轴的夹角为 45° 并向右下倾斜的曲线，如图 5—7 中的 C。

4. 需求富有弹性，即 $E_d > 1$

这种劳动力需求曲线是一条向右下倾斜且较为平缓的曲线，如图中的 E。

5. 需求缺乏弹性，即 $E_d < 1$

此劳动力需求曲线是一条向右下倾斜且较为陡峭的曲线，如图中的 F。

二、劳动力供给

（一）劳动力供给概述

劳动力供给，是指在一定的市场工资率的条件下，劳动力供给的决策主体（家庭或个人）愿意并且能够提供的劳动时间。

人口红利是指一个国家的劳动年龄人口占总人口比重较大，抚养率比较低，为经济发展创造了有利的人口条件，整个国家的经济成呈现储蓄、高投资和高增长的局面。而不断加速的人口老龄化，会对劳动力供给产生负面影响。

劳动参与率是有工作者和正在寻找工作者占相应人口的百分比。因此，劳动参与率是衡量那些愿意在家庭之外工作的人口的一个重要而又明确的统计指标。

劳动者在做出有关供给决策时，以追求效用最大化为主要目标。其效用来自两方面，一是劳动力供给主体在市场性劳动时间内获得的；二是劳动力供给主体在闲暇时间中获得的。劳动力供给主体既可以通过参加市场性劳动获得效用，也可以通过不参加市场性劳动获得效用。

（二）人口对劳动力供给影响

1. 人口规模

构成劳动力供给的劳动力人口群体是一定时期、一定地域人口总体的一部分。在其他条件不变的情况下，劳动力供给和人口规模成正向关系。人口规模的不断扩大，使劳动力供给增加。

2. 人口年龄结构

人口年龄结构对劳动力供给的影响主要表现在两个方面：（1）通过劳动年龄组人口占人口总体比重的变化，影响劳动力供给；（2）通过劳动年龄组内部年龄构成的变动，影响劳动力供给内部构成的变化。第一种情况，劳动年龄组的人口比重大，劳动力供给将比较充分；反之，劳动力供给将趋向减少。第二种情况，在劳动年龄组人口比重一定的情况下，其内部年龄构成不同，劳动力供给也有明显差异。这种差异主要体现在人力资本存量方面，会对劳动力供给产生不同影响。

3. 人口城乡结构

人口城乡结构既是人口地理分布的反映，也是人口经济结构的反映。由于历史等诸方面原因，不同地区在经济发展水平方面客观存在着差异，特别是城市和乡村经济发展的不平衡，导致人口城乡结构的种种差异。人口城乡结构及其变动，对正处于工业化和现代化进程中的发展中国家的劳动力市场产生重大影响，特别是对劳动力供给弹性的影响。农村劳动力向非农产业的转移，使劳动力供给弹性趋向增大。

在工业化过程中，随着农村富余劳动力向非农产业的逐步转移，农村富余劳动力逐渐减少，最终枯竭，劳动力过剩转向劳动力短缺，出现所谓的"刘易斯拐点"。

（三）劳动力供给的工资弹性

劳动力供给量的变动是指在其他条件不变的情况下，仅由工资率变动所引起的劳动力供给数量的变化。

劳动力供给量变动对工资率变动的反应程度被定义为劳动力供给的工资弹性，简称为劳动力供给弹性。其计算公式是劳动力供给量变动的百分比与工资率变动的百分比的比值。设 E_s 为劳动力供给弹性，$\Delta S/S$ 表示供给量变动的百分比，$\Delta W/W$ 表示工资变动的百分比，则有：

$$E_s = \frac{\Delta S}{S} \bigg/ \frac{\Delta W}{W}$$

通常在考察市场劳动力供给时，劳动力供给弹性值分布在 0 到无限大之间。根据劳动力供给弹性的不同取值，一般将劳动力供给弹性分为五大类：

1. 供给无弹性，即 $E_s = 0$

在这种情况下，无论工资率如何变动（在劳动力市场分析的实际可能范围内），劳动力供给量固定不变。

2. 供给有无限弹性，即 $E_s \rightarrow \infty$

在这种情况下，工资率给定，而劳动力供给量变动的绝对值大于 0。

3. 单位供给弹性，即 $E_s = 1$

在这种情况下，工资率变动的百分比与劳动力供给量变动的百分比相同。

4. 供给富有弹性，即 $E_s > 1$

此时，劳动力供给量变动的百分比大于工资率变动的百分比。

5. 供给缺乏弹性，即 $E_s < 1$

此时，劳动力供给量变动的百分比小于工资率变动的百分比。

（四）工作时间决策

1. 个人工作时间决策

工作决策是一种时间利用方式的选择。时间的使用主要有两种方式：一是用于闲暇活动，二是用于工作。因此，可以把对工作的决策看成是在闲暇和有酬工作之间进行的选择。假设用于吃饭、睡觉以及其他维持生命的时间是由自然规律决定的，则剩下的可自由支配时间（如每天 16 个小时）可分配于工作和闲暇，因为用于闲暇的时间不能用于工作，反之亦然，所以闲暇需求可以看作是劳动力供给的相反面。

根据经济学原理，商品需求是机会成本、某人财富和偏好的函数。因此，一小时闲暇的机会成本就是工资率，即工人多工作一小时能获得的拿回家中的工资报酬；对一个人的财富一般用其总收入来衡量。

理论认为，如果收入增加，而工资和偏好不变，则闲暇时间的需求增加。即如果收入增加，工资不变，愿意工作的时间将减少；相反，如果收入下降，工资率不变，则愿意工作的时间增加。这种在工资不变的情况下由于收入变化导致的闲暇时间需求的变化称为收入效应。收入效应基于这样的认识，即闲暇机会成本不变，随着收入的增加，人们希望消费更多的闲暇（这意味着工作时间的减少）。因此，收入效应不仅可以用闲暇时间需求来表示，还可以用工作时间的供给来表示。

收入效应为负，用数学公式来表示，收入效应的定义是：工资不变（$\bar{W}$），收入的变化（ΔY）引起的工作时间的变化（ΔH），即：

$$收入效应 = \frac{\Delta H}{\Delta Y}\bigg|\bar{W} < 0$$

理论也说明，如果收入不变，工资率增加，闲暇的价格提高，闲暇需求减少，从而提高工作动机。（同样，收入不变，工资率下降将减少闲暇的机会成本和工作动机）因为随着闲暇机会成本的变化（收入不变），出现替代效应，工作时间和闲暇时间相互替代。

与收入效应相反，替代效应为正。替代效应用数学公式表示为：在收入不变（$\bar{Y}$）时，工资的变化（ΔW）引起的工作时间的变化（ΔH），即：

$$替代效应 = \frac{\Delta H}{\Delta W}\bigg|\bar{Y} > 0$$

当工资增加时，两种效应同时发生作用，但这两种作用相反的效应的存在，模糊了对整个劳动力供给反应的预测。

劳动力供给对于工资增加的反应包括收入效应和替代效应。收入效应是工资提高后财富或潜在收入增加的结果。替代效应是由于工资增加引起的闲暇机会成本提高的结果。如果收入效应占优势，工资上升，劳动力供给减少；如果替代效应占优势，劳动力供给随工资率的提高而增加，个人劳动力供给曲线斜率为正。经济理论并不能告知哪一种效应占优势。实际上，个人劳动供给曲线的斜率可能在某个工资范围内为正，而在另一个范围内为负。例如，在图5—8中，只要工资低于 W*，则个人希望的工作时间将随着工资增加而增加（替代效应占优势）。但在较高工资水平下，工资增加会导致工作时间减少，收入效应占优势，经济学把这种曲线称为"向内弯曲的曲线"。

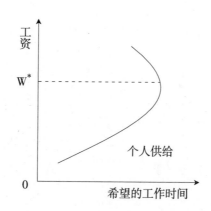

图5—8　向内弯曲的个人劳动力供给曲线

2. 家庭劳动力供给决策

人们的工作决策并不是简单地在闲暇与工作之间做出选择，家庭背景对个人劳动供给决策也有非常重要的影响。家庭生产模型的基本前提是人们在家庭和"市场"工作都有生产率。在家庭生产理论中，假定时间的使用方式有两种，市场劳动和家务劳动，劳动者会把时间用在劳动生产率高的地方。

对于同家庭成员一起生活的人来说，必须采用家庭联合劳动力供给决策来分配各自的时间。家庭每个成员在市场劳动的工资率既影响自己的劳动供给决策，也影响到其他成员的时间配置。具体的表现是：第一，成员 A 的工资率（Wi）变化将导致自己的工作时间（Hi）的正的替代效应；第二，Wi 的变化通过负的收入效应部分抵消替代效应，进而影响工作时间，具体的影响要看收入效应和替代效应的相对强弱；第三，在家庭联合劳动供给决策中，还有一个重要的影响途径就是"交叉替代效应"，该效应是衡量家庭成员 i 的工资率变化对家庭成员的影响，这一效应在个人工作时间的决策中是无法看到的。

辅导练习题

一、单项选择题

1. 完全竞争市场条件下，企业劳动力需求应该满足的条件是（　　）。

    A. 劳动的边际产品价值等于劳动的边际产品收益

    B. 边际成本等于工资

    C. 边际成本等于产品的价格

    D. 边际产品收益等于边际成本

    参考答案：D

2. 以下有关劳动力需求的工资弹性的说法正确的是（　　）。

A. 劳动力需求量变动的百分比与工资率变动的百分比的比值

B. 劳动力需求的变动与工资率的变动的比值

C. 劳动力需求的工资弹性为负

D. 工资增加，劳动力需求下降

参考答案：C

3. 以下有关劳动力需求工资弹性的不同取值的说法正确的是（　　）。

A. $E_d = 0$，劳动力需求有无限弹性

B. $E_d = 1$，需求无弹性

C. $E_d > 1$，需求富有弹性

D. $E_d \to \infty$，劳动力需求无弹性

参考答案：C

4. 劳动者在做出有关供给决策时，以（　　）为最大目标。

A. 利润最大化

B. 报酬最大化

C. 效用最大化

D. 福利最大化

参考答案：C

5. 以下有关人口红利的描述错误的是（　　）。

A. 成年人口占总人口比重较高

B. 劳动年龄人口占总人口比重较高

C. 社会抚养率较高

D. 国家经济呈高储蓄、高投资、高增长的局面

参考答案：A

二、多选题

1. 劳动力需求又被称为（　　）。

A. 派生需求

B. 间接需求

C. 效用需求

D. 直接需求

参考答案：AB

2. 以下对工资水平影响劳动力需求的描述正确的是（　　）。

A. 工资率提高，劳动力需求减少

B. 工资率降低，劳动力需求增加

C. 工资率提高，劳动力需求增加

D. 工资率降低，劳动力需求降低

参考答案：AB

3. 以下关于劳动力需求的说法正确的是（　　）。

A. 在某种工资率下，雇主愿意并能够雇用的劳动力数量

B. 劳动力需求是一种派生需求

　　C. 劳动力需求是一种直接需求

　　D. 劳动力需求是一种联合需求

　　参考答案：ABD

4. 对劳动力的供给弹性描述错误的是（　　　）。

　　A. 劳动力供给量变动的百分比与生产资料变动的百分比的比值

　　B. 劳动力供给量变动的百分比与资本变动的百分比的比值

　　C. 生产资料变动的百分比与工资变动的百分比的比值

　　D. 劳动力供给量变动的百分比与工资变动的百分比的比值

　　参考答案：ABC

第三节　工资的确定

一、均衡价格工资理论

　　均衡价格论，是说明通过商品供给与商品需求的运动决定商品价格形成的理论。商品的均衡价格与均衡产量是市场上的供求双方在竞争过程中自发形成的，均衡价格的形成过程也就是价格决定的过程。

　　由此可见，均衡价格的决定实际上是需求规律和供给规律共同作用的结果。均衡价格和均衡数量一旦形成，在需求与供给的共同作用下，价格就会处于一种相对静止不再变动的状态。如果有其他力量使需求或供给或供求双方发生变动，则会在新的条件下通过供求竞争，实现新的市场均衡。

　　所谓工资就是劳动力作为生产要素的均衡价格，即劳动力需求与劳动力供给相一致时所形成的价格。

　　劳动力均衡价格是一种理论意义上的抽象，在现实中，影响工资确定的因素很多，包括经济、社会、个人等因素的影响。

二、工资报酬

（一）工资报酬的相关概念

1. 工资率

　　所谓工资率，是指单位时间的劳动价格，根据单位时间标准的不同，其可分为小时工资率、日工资率等。在把握工资率这一概念时，需要注意：首先，在以工资率为计量标准的条件下，工人工资所得在正常情况下均高于工资率乘以时间单位数。这是因为存在着夜班工资等工资制度安排。其次，工资率既与制度工时和实际工时有关，又与带薪休假时间有密切联系。例如，增加带薪休假时间则意味着小时工资率的提高。最后，以工资率的计量单位计算的工资所得只是基本工资，而不是全部劳动报酬，因为工资或劳动报酬不仅包含基本工资，而且还包括各种形式的福利。基本工资只是工资构成的一部分。

　2. 工资报酬、劳动报酬和收入

　　工资报酬指工作时间（通常以小时为单位）与工资率相乘的结果，因此，工资报酬取决于工资率和工作时间；收入指某个时间（通常是 1 年），个人或家庭资源的全部报酬，包括劳动所得和非劳动所得，后者指来自投资的红利或利息和来自政府的转移支付。

工资率与工资报酬、劳动报酬和收入的关系如图5—9所示。

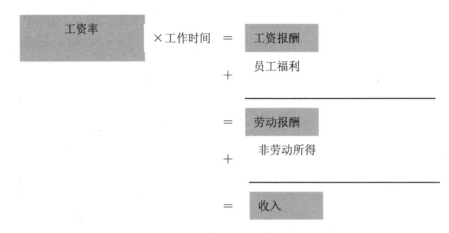

图5—9　工资率、工资报酬、劳动报酬和收入之间的关系

3. 名义工资和实际工资

名义工资是指以现行货币支付给劳动力的单位时间工资，可用来比较一定时间内各类劳动力的报酬。

实际工资，即用某种价格标准除名义工资，可以用来说明名义工资的购买能力。例如一位工人的名义工资是一天100元，而一双鞋的价格是50元，则可以说这位工人一天的实际工资相当于两双鞋。

当名义工资和产品价格发生变化时，用计算实际工资的办法来比较工人工资报酬的购买能力是非常有用的。如果某一时期内名义工资是上升的，但同期物价水平也上升了，则计算实际工资时必须考虑通货膨胀，排除物价上涨的影响。

比较几年间价格水平变化的最常用的方法是居民消费价格指数（Consumer Price Index，CPI）。实际工资经价格指数修正后，用以说明工资的实际购买能力，其计算公式是：

实际工资＝货币工资/价格指数

工资用于购买商品和劳务，若货币工资不变，实际工资随商品价格变动而发生反方向变动。商品价格提高，实际工资下降；反之，则上升。

（二）工资的支付方式

计时工资与计件工资是应用最普遍的工资支付方式。计时工资与计件工资的区别在于计量劳动的方式不同。

1. 计时工资

计时工资是依据工人的工资标准（单位时间的劳动价格）与工作时间长度支付工资的形式。其计算公式是：

货币工资＝工资标准×实际工作时间

根据计算时间单位的不同，计时工资有小时工资制、日工资制和周工资制三种形式。

计时工资是最为传统的工资形式，计时工资的基本特征是：劳动量以劳动的直接持续时间来计量。因为时间是劳动的自然尺度，故其适用性强、适用范围广，几乎所有的劳动均可实行此种工资支付方式。

2. 计件工资

计件工资是依据工人合格产品数量（作业量）和计件工资率计算工资报酬的工资支付形式。其计算公式是：

货币工资＝计件工资率（计件单价）×合格产品数量

计件工资的基本特征是：劳动量以一定时间内所凝结成的产品数量来计算。因此，计件工资是计时工资的转化形式。

实行计件工资的情况下，基本工资的高低取决于合格产品的数量，进而取决于工人的勤奋与努力，因而使得低生产率的风险主要由工人自己承担。工人比较紧张，工资的刺激性强。而对企业来说，虽然低生产率的风险很小，劳动过程的控制成本比较低，但产品数量统计、质量检验、定额标准、生产组织和劳动组织等的管理成本较大。

（三）福利

1. 福利的概念

福利是企业基于雇佣关系，依据国家的强制性法令及相关规定，以企业自身的支付能力为依托，向劳动者所提供的、用以改善其本人和家庭生活质量的各种以非货币工资和延期支付形式为主的补充性报酬与服务。

福利的支付方式大体划分为两类：其一为实物支付，包括各种免费或折扣的工作餐、折价或优惠的商品和服务；其二为延期支付，包括各类保险支付，如退休金、失业保险等。

从劳动者供给的角度看，福利与直接薪酬一样，是劳动力供给决策的基本依据，是劳动者的收入来源，用以补偿劳动力再生产费用和劳动的负效用。劳动者在进行劳动力供给决策时，不仅要考虑直接薪酬，还要考虑福利水平，因为它和直接薪酬共同构成了劳动力价格或劳动报酬。然而，福利无论以何种具体方式表现，实质上都是由工人自己的劳动支付的。

2. 福利的作用

（1）福利对雇主的作用

第一，员工福利可以为企业合理避税。第二，员工福利可以为企业减少成本支出。第三，员工福利成为雇主吸引和保留人才的有效工具。第四，员工福利可以起到提高雇员工作效率的作用。第五，福利设计可以起到激励雇员的作用。

（2）福利对雇员的作用

第一，适当的福利项目可以增加雇员的收入。

第二，有些福利项目可以解除员工的后顾之忧。

第三，合理的福利项目可以保障员工的身心健康和家庭和睦。

三、总报酬模型

按照美国薪酬协会提出的总报酬模型，总报酬是员工因他们提供的时间、才能、努力和结果所获得的货币和非货币的回报。总报酬分为外在报酬和内在报酬两部分。它包括有效地吸纳、保留和激励人才的组织战略所需的五个因素，即薪酬、福利、工作—生活、绩效和赏识以及职业生涯和开发。

（一）外在报酬

通常所说的工资报酬实际上指的是总报酬中的外在报酬（extrinsic reward）。它由基本工资、绩效加薪或升级制度、浮动薪酬（奖金或业绩津贴等）、长期激励、福利等几部分组成。

（二）内在报酬

内在报酬是指与工作相关的非经济报酬，是员工由于完成工作而获得的关系回报，或是指员工在工作地点获得的心理回报，诸如被赏识、有身份地位、就业安全感、挑战性的工作、学习机会等。企业要获取更有竞争力的地位应该重视工作的内在报酬，以满足员工的精神需要。通常，组织发展专业人员通过有效的工作设计来提高内在薪酬，改善员工的心理状态（即内在报酬），从而提高用工管理中的效率问题，实现劳资双方共赢。总报酬模型如图 5—10 所示。

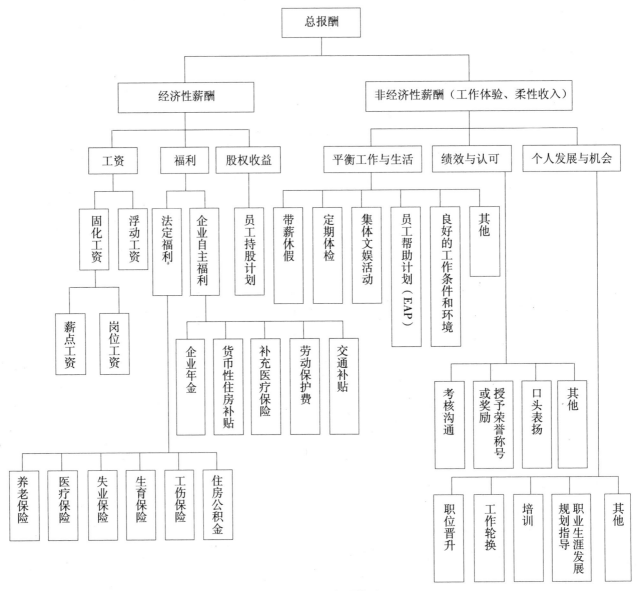

图 5—10　总报酬模型

辅导练习题

一、单项选择题

1. 以下关于市场均衡工资的说法错误的是（　　）。

　　A. 劳动力需求曲线和供给曲线的移动会引起均衡工资的变化

　　B. 如果劳动力需求增加，那么均衡工资不再使供求相等

　　C. 在市场均衡工资形成后，劳动力需求的增加不会引起劳动力短缺

　　D. 当市场均衡工资上升后，市场均衡就业水平也会上升

　　参考答案：C

2. 以下有关均衡价格的说法不正确的是（　　）。

A. 它是通过商品供给和需求决定的

B. 商品的均衡价格是自发形成的

C. 均衡价格的形成过程就是价格决定的过程

D. 均衡价格形成后会处于一种相对静止不在变动的状态

参考答案：D

3. 劳动报酬等于（　　）。

A. 工作时间（通常是小时）乘工资率

B. 工资报酬再加上员工福利

C. 员工福利加上非劳动所得

D. 以现行货币支付给劳动力的单位时间工资

参考答案：B

4. 以下有关工资率的描述正确的是（　　）。

A. 以工资率为计量标准计算的工资所得就是全部劳动报酬

B. 增加带薪休假时间则意味着小时工资率的提高

C. 在以工资率为计量标准的条件下，工人工资所得在正常情况下均低于工资率乘以时间单位数

D. 工资率是指基本工资的多少

参考答案：B

5. 以下对于工资报酬、劳动报酬、收入描述正确的是（　　）。

A. 工资率乘以工作时间等于劳动报酬

B. 工资报酬即劳动报酬

C. 收入当中不包括非劳动所得

D. 工资报酬和员工福利称之为劳动报酬

参考答案：D

二、多选题

1. 以下有关福利的叙述正确的是（　　）。

A. 是以企业自身的支付能力为依托

B. 以货币工资和延期支付形式为主

C. 主要为实物支付和延期支付

D. 都是以个人自己的劳动支付的

参考答案：ACD

2. 以下哪几类属于外部报酬？（　　）

A. 基本工资

B. 浮动薪酬

C. 长期激励

D. 提供学习机会

参考答案：ABC

3. 以下对于总报酬的描述正确的是（　　）。

A. 包括外部报酬和内部报酬

B. 只能用货币形式支付

C. 包括货币和非货币两种支付形式

D. 改善员工心理状态也包括在内

参考答案：ACD

4. 以下可以用来衡量收入不平等的量化指标有（　　　）。

A. 方差

B. 变异系数

C. 分位数法

D. 基尼系数

参考答案：ABCD

5. 以下关于基尼系数和洛伦茨曲线描述不正确的是（　　　）。

A. 洛伦茨曲线弯曲程度越小，收入越不平等

B. 洛伦茨曲线弯曲程度越大，收入越平等

C. 基尼系数等于 0 时，收入完全平等

D. 基尼系数等于 1 时，收入完全平等

参考答案：ABD

第四节　人力资本投资

一、人力资本

（一）人力资本的涵义

人力资本是体现在劳动者身上的、并能为其带来收入的能力，主要表现为劳动者所拥有的知识、技能、劳动熟练程度和健康状况。

（二）人力资本与物质资本的区别

人力资本与物质资本的本质区别有以下几点：第一，物质资本需要靠人力资本发挥能动作用才能产生价值；第二，在生产活动中，物质资本表现出边际报酬递减趋势，而人力资本则表现出边际报酬递增趋势；第三，物质资本容易被复制，而人力资本是一种无形资本，形成过程较为复杂，难以被复制；第四，物质资本的效能基本上是固定，而人力资本效能的发挥受到人力资本承载者主观能动性和积极性的影响。

（三）人力资本的经济特点

1. 人力资本的创造性（非机械性）。人力资本的载体是劳动者，每个劳动者都具有主观能动性和创造能力，并非机械的物质生产手段。

2. 人力资本创造力的本体性（非整体性）。人力资本的创造力完全是个体行为，这种创造力体现不出整体性。

3. 人力资本创造力的无限性（非可量性）。人力资本具有累积性，其所具有的创造力也是无法估量的。

（四）人力资本的经济要求

1. 产权要求

人力资本的自有性决定了人力资本具有排他性的产权要求。人力资本必须在一定的经济关系中才能得以实现，而鼓励技术创新和提供适当个人刺激的有效的财产权制度安排是促进经济增长的决定因素。

2. 充分报酬要求

人力资本使用中的排他性，表明人力资本追求功利性收益的本质。人力资本创造力的无限性决定了人力资本不可能满足于一次性定价、一次性付酬。提高人力资本开发和使用的经济效益的唯一途径是尽可能地满足人力资本的报酬要求，对其实行充分的激励。

3. 差异化的激励措施和激励制度要求

由于人力资本具有巨大的创造性和难以监督性，因此企业通过寻求差异化的激励措施，建立有效的激励制度是调动员工积极性的唯一途径。企业只有设法引导员工尽最大努力为其工作，才能降低企业的成本。企业可以采取产权激励、人力资本的地位激励、企业文化激励等措施对人力资本进行激励。

二、人力资本投资

（一）人力资本投资的含义

凡是能够有利于形成与改善劳动力素质结构、提高人力资本利用效率的费用与行为都可以认为是人力资本投资的范畴。

（二）人力资本投资的方式

人力资本投资的方式一般有以下几种主要的方式：第一，卫生保健设施和服务，概括地说包括影响人的预期寿命、体力和耐力、精力和活力的全部开支；第二，在职培训，包括由企业组织的旧式学徒制；第三，正规的初等、中等和高等教育；第四，不是由企业组织的成人教育计划，特别是农业方面的校外学习计划；第五，个人和家庭进行迁移以适应不断变化的就业机会。[①]

（三）人力资本投资的基本原则

与所有类型的投资一样，人力资本投资在现期支出的费用或成本，需要通过知识和技能水平的提高，最终增加其未来时期的收益，用以更大程度上补偿这些成本。在决定是否投资时，需要将付出的成本和得到的收益按某一贴现率折现后进行比较，因为货币具有时间价值。评估人力资本投资常用的方法有净现值法和内部收益率法。

1. 净现值法

所谓净现值法就是把未来收益和付出的成本按预定的贴现率进行折现后，比较两者的差额。

假设某项人力资本投资，在未来一段时期（t 年）内为投资者带来的收益为 B1，B2，……，Bt，贴现率为 r，t 年内折现的收益为 PV，那么：

$$\text{人力资本投资收益现值 } PV = \frac{B_1}{(1+r)^1} + \frac{B_2}{(1+r)^2} + \cdots + \frac{B_t}{(1+r)^t} = \sum_{i=1}^{t} \frac{B_i}{(1+r)^i} \ (i=1,2,\ldots,t)$$

同时，假设该项人力资本投资的成本为 C，在 n 年之内完成，且每年的投资成本为 C1，C2，……，Ct，n 年内投资成本的现值为 PVC，那么：

---

① ［美］西奥多·舒尔茨：《人力资本投资——教育和研究的作用》，商务印书馆 1990 年版。

人力资本投资收益现值 $PVC = \dfrac{C_1}{(1+r)^1} + \dfrac{C_2}{(1+r)^2} + \cdots + \dfrac{C_n}{(1+r)^n} = \displaystyle\sum_{j=1}^{n} \dfrac{C_n}{(1+r)^j}$ $(j = 1, 2, \ldots, n)$

假设人力资本投资净现值为 Q，那么：

$$Q \sum_{i=1}^{t} \dfrac{B_i}{(1+r)^i} - \sum_{j=1}^{n} \dfrac{C_n}{(1+r)^j} = \geq 0$$

如果差额为正值，那么作为追求效用最大化的决策主体就有投资的意愿；如果差额为负值，则停止投资。

2. 内部收益率法

在实际中，人们在计算人力资本投资的收益率时，首先是通过使投资收益的现值与成本的现值相等，即根据 $\displaystyle\sum_{i=1}^{t} \dfrac{B_i}{(1+r)^i} = \sum_{j=1}^{n} \dfrac{C_n}{(1+r)^j}$ 求出内部收益率 r，然后再将这种内部收益率与其他投资的报酬率 s 加以比较。如果人力资本投资的内部收益率 r 超过了其他投资的报酬率 s，则人力资本投资计划就是有利可图的。

三、教育投资分析

人力资本的核心是提高人口质量，教育是提升人力资本最基本的主要手段，教育投资是人力投资的主要部分。人们在选择是否进行教育投资时，也会考虑教育投资的成本和收益，当教育投资的总收益超过其总成本时，人们才会进行教育投资。

（一）教育投资的成本与收益

1. 教育投资的总成本

教育投资的总成本包括货币成本与非货币成本。货币成本包括直接成本和间接成本。直接成本包括学杂费、书本费等，是接受大学教育直接发生的费用。间接成本，也称为机会成本，是由于上学而无法去工作而放弃的收入。非货币成本是指由于上大学所承受的心理成本，一些人认为读书是一件艰苦的事情，当然也有人将学习视为是一种享受。由于非货币成本是一种主观感受，很难量化，因此，一般只对货币成本进行分析。

2. 教育投资的总收益

教育投资的总收益包括经济收益和非经济收益。经济收益就是从终生收入来看，上大学的人一生获得的收入总量高于没有上大学的人一生获得的收入总量的部分。非经济收益包括由于上大学而得到的社会地位的提高、知识面的扩展所带来的生活兴趣的广泛等。由于非经济收益难以准确计量，因此，一般也只对经济收益进行分析。

（二）教育投资分析模型

教育投资和物质投资相似，在进行投资决策时，必须对投资成本和投资收益进行比较，同时考虑特定的约束条件，从而做出理性的决策。

图5—11反映的是上大学和未上大学两类人的终生收入流。收入流 A 代表18岁高中毕业后不去上大学，立即工作的终生收入流；收入流 B 代表18岁上大学到65岁退休的终生收入流。当收入流 B 超过收入流 A 之后，产生收入增量。只有经过折现后的收入增量大于或等于上大学的总成本，人们才会继续选择接受大学教育。

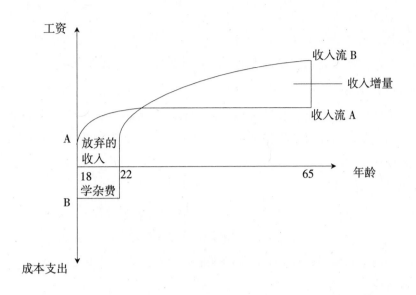

图5—11 不同教育程度者的收入流

从以上分析中，可以得出几点与大学教育需求有关的推论：第一，其他条件相同的情况下，上大学的总成本降低，对上大学的需求将增加；反之，总成本上升，对大学教育的需求下降。第二，其他条件相同的情况下，大学毕业生与无大学学历劳动者的收入差别扩大，则要求上大学的人数增加。第三，其他条件相同的情况下，人力资本投资进行得越早，所获得的投资净现值就越高，因此，多数大学生是年轻人。

（三）个人教育投资的评估

美国学者研究认为，教育投资的收益率和其他类型的投资收益率大体在同一范围内。然而，在评估教育投资的收益时，一些因素可能会使评估结果有一定的偏差。如高估偏差、低估偏差、选择性偏差等。

（四）文凭的信号功能

通常，人们认为教育存在两种功能：第一种功能是，教育能提高人们的生产效率，因此，高学历的人能获得高报酬。第二种功能是，教育制度为社会提供了一种根据个人既定能力对其进行分类的筛选机制。此时，将教育制度看成是发现哪些人具有较高生产率的一种手段，而不是一种强化劳动者的生产率的手段。这就是文凭的信号功能。

四、在职培训

在职培训是对已具有一定教育背景并已在工作岗位上从事有酬劳动的各类人员进行的再教育活动，是人力资本投资的重要形式之一。

（一）在职培训的成本与收益

1. 在职培训的成本

在职培训成本主要包括三个部分。第一，直接成本开支。包括支付给受训者在培训期间的工资以及举办培训活动所需要的费用，如培训教师的讲课费，租用培训场地及设备的费用等。第二，受训者参加培训的机会成本。受训者参加培训要花一定的时间和精力，致使自己的生产率会受到影响。第三，利用机器或有经验的职工从事培训活动的机会成本。这两者会对企业正常的经营活动造成一定的损失。

2. 在职培训的收益

在职培训的收益体现在两方面：第一，企业得到收益。经过培训，受训者的劳动生产率得以提高，进而提高企业利润。第二，员工收益。受训者的收入及福利增加，择业能力增强。

（二）一般培训和特殊培训

在职培训可以分为两类：一般培训和特殊培训。一般培训是指对各种不同企业的劳动生产率提高都有用的培训。特殊培训是指只对提供培训企业的劳动生产率提高有重要作用，而对其他企业的劳动生产率没有或很少有影响的培训。

1. 一般培训的成本效益分析

雇员自己负担接受一般培训的成本并享受其收益。但在形式上，雇员对成本的负担并不采取直接支付的方式，而是以在培训期间接受一种较低的工资率的方式间接地支付培训成本。

在雇员的工作年限内，只有当其接受培训的净现值大于零，他才会接受培训。

2. 特殊培训的成本效益分析

特殊培训只能由雇主来负担成本，其形式是在培训期间，雇主向受训者支付一个高于其边际收益的工资率。

培训期间，雇主向受训者支付的工资如果等于培训前工资，那么，一旦受训者培训后辞职，受训者没有任何损失，而雇主却要承担全部培训成本的损失。为了降低雇员辞职率，应使受训者与企业分担特殊培训的成本与收益，从而对雇员同时形成约束力和吸引力。

辅导练习题

一、单项选择题

1. 以下有关人力资本投资的说法不正确的是（　　）。

　　A. 卫生保健设施的支出不属于人力资本投资

　　B. 在职培训属于人力资本投资方式

　　C. 正规的初等、中等和高等教育属于人力资本投资方式

　　D. 个人和家庭进行迁移以适应不断变化的就业机会也是投资方式

　　参考答案：A

2. 人力资本投资是指有利于（　　）的费用与行为。

　　A. 提高人力资本利用效率

　　B. 改善劳动力生存环境

　　C. 提高劳动者生活质量

　　D. 增加劳动者收入水平

　　参考答案：A

3. 以下有关教育投资收益的描述不正确的是（　　）。

　　A. 教育投资的总收益包括经济收益和非经济收益

　　B. 教育投资的经济收益就是接受教育后一生获得的收入总量

　　C. 教育投资的非经济收益不包括上学而得到的社会地位

　　D. 教育投资的非经济收益包括知识面的扩展所带来的生活兴趣的广泛

参考答案：C

4. 以下与大学教育需求有关的推论中错误的是（　　）。

A. 其他条件相同的情况下，人力资本投资进行的越晚，所获得的投资净现值就越高

B. 其他条件相同的情况下，大学毕业生与没上过大学的劳动者的收入差别扩大，则要求上大学的人数增加。

C. 其他条件相同的情况下，上大学的总成本降低，对上大学的需求将增加

D. 多数大学生是年轻人

参考答案：A

5. 以下不属于在职培训成本的是（　　）。

A. 培训教师的讲课费

B. 租用场地费

C. 受训者参加培训时生产率受到影响

D. 受训者收入增加

参考答案：D

6. 以下有关文凭的信号功能发挥作用的说法错误的是（　　）。

A. 指雇主将教育当作是一种强化劳动者生产率的手段

B. 指雇主将教育水平看成是一种发现哪些人具有较高生产率的手段

C. 如果教育成本与劳动生产率具有显著的相关性，那么利用文凭的信号功能能够使企业的雇用成本大幅下降

D. 如果教育成本和劳动生产率没有显著的相关性，那么利用文凭的信号功能招聘员工可能会导致劳动力市场供求双方均遭受损失

参考答案：A

二、多选题

1. 以下对人力资本和物质资本的区别描述不正确的是（　　）。

A. 物质资本需要依靠人力资本为依托才能发挥价值

B. 物质资本呈现出边际报酬递增趋势

C. 人力资本是一种有形资本

D. 人力资本的效能是固定不变的

参考答案：BCD

2. 以下属于人力资本经济特点的是（　　）。

A. 非机械性

B. 非可量性

C. 非整体性

D. 非可变性

参考答案：ABC

3. 以下哪些属于人力资本的激励措施（　　）。

A. 产权激励

B. 企业文化激励

C. 地位激励

D. 报酬激励

参考答案：ABCD

4. 以下属于人力资本投资方式的是（ ）。

A. 在职培训

B. 正规的初、高等教育

C. 因个人迁移带来的就业机会

D. 卫生保健设施和服务

参考答案：ABCD

5. 人力资本投资是指有利于（ ）的费用与行为。

A. 改善劳动力素质结构

B. 提高人力资本利用效率

C. 提高劳动者生活质量

D. 增加劳动者收入水平

参考答案：AB

6. 以下有关人力资本投资说法正确的有（ ）。

A. 当人力资本投资净现值为正时，投资者愿意投资

B. 当人力资本投资净现值为负时，投资者愿意投资

C. 当人力资本内部收益率超过其他投资报酬率，人力资本投资计划有利可图

D. 当人力资本内部收益率低于其他投资报酬率，人力资本投资计划有利可图

参考答案：AC

第五节　劳动力流动

一、劳动力流动概述

（一）劳动力流动的形式

劳动力流动也被称为劳动力迁移（migration of labor force），劳动力流动主要有三种形式：劳动力在本地更换行业、职业或工作岗位；劳动力在地区之间流动，但不转换行业或职业；劳动力转移工作地点并在其他行业或职业就业。

劳动力流动和人口流动有所区别，劳动力劳动通常不考虑随父母迁移的儿童和退休人员在退休时和退休后的流动。退休人员的流动和在职人员的流动受不同的原因所支配。

（二）劳动力流动的意义

劳动力流动对劳动力市场的运行和劳动力资源的合理利用具有重要意义。第一，流动能使人力资源得到充分利用。第二，流动能够促进经济增长。第三，能够保证劳动力市场的活力和效率。

（三）劳动力流动的代价

劳动力流动对雇主、雇员和整个经济可能也会产生某些负面作用。当一个有经验的雇员离职而由一个缺乏经验的雇员替代时，雇主就要支付培训费用，并在相当一个时期内承担新非熟练劳动力生产效率

低下所带来的损失。对雇员来说，某些流动可能会造成失业。流动需要支付大量的经济成本和心理成本、承担失业的风险和痛苦，社会也要为此而付出代价。

二、劳动力流动模型

（一）劳动力流动模型

人力资本模型可以被用来理解和预测自发的劳动力流动。如果与流动相联系的收益现值超过了与之相联系的货币成本和心理成本的总和，那么，就可以认为劳动者要么会决定更换工作，要么会决定地理上的迁移，或者是两者兼而有之。如果贴现之后的收益并不比流动的成本高，那么，劳动者就不会决定进行流动了。

对劳动者的流动决策起着决定性作用的主要因素就是流动净收益，即流动收益减去流动成本，计算公式如下：

$$净收益现值 = \sum_{t=1}^{T} \frac{B_{jt} - B_{ot}}{(1 + r)^t} - C$$

式中，B_{jt} 为在 t 年时从新工作（j）中所获得的效用；B_{ot} 为在 t 年时从原来的工作（O）中所获得的效用；T 为在工作 j 上的预期工作时间（用年限表示）；r 为贴现率；C 为在流动过程中所产生的效用损失（包括直接成本和心理成本）；$\sum$ 为加总符号，在这里是指从第 1 年到第 T 年这一时期中每一年净收益贴现值的加总。

劳动者从新工作中所获得的效用水平越高，在原来的工作中所得到的快乐越少，与流动相联系的成本越小，劳动者在新工作上停留或在新地区生活的时间越长，即 T 的值越大，则流动的净收益现值就越大。

（二）自愿流动的收益与评价

劳动力的自愿流动一般来说能够提高工人对工作的整体满足程度。其中，经济收益增加是工作满足程度提高的一个重要表现。有证据表明，年轻人中，多数人离职后的工资增长幅度要比他们继续留在原来工作岗位的工资增长要快。

雇主通常对员工自愿辞职的做法持反对态度。原因是在高度竞争的市场条件下，雇主常常需要对雇员进行特殊培训，而雇员的频繁流动使得难以对雇员实施这种培训。

三、影响劳动力流动的因素分析

经济动因是影响劳动力流动最直接、最主要的因素，也有一部分劳动力流动是为了改变职业和工作。一个人是否会选择在劳动力市场中流动，如何选择适合自己的劳动力市场，需要经过评估自身条件、所处的内在环境和外在环境后才会作出决策。

（一）劳动力的自身条件

1. 年龄

年龄是劳动力流动的主要影响因素之一。在其他条件相同的情况下，年龄越大，流动越少。

2. 家庭

劳动力流动成本会随着家庭规模的扩大而成倍增加。在年龄、学历相同的情况下，未婚比已婚更容易流动；妻子就业阻碍流动；妻子就业时间越长，家庭越不容易流动；配偶双方都有较高的工资时，举家流动更加不易；有学龄儿童的家庭不易流动。

3. 教育

教育是同一年龄群体内部影响流动性大小的重要因素。在其他条件不变的情况下，学历越高，越有可能流动。最有可能流动的是大学及其以上教育者。

4. 职业与技术等级

职业流动性的高低可以用职业流动率大小来表示。职业流动率是某年中改变职业的就业人数与总的就业人数之比。专业技术人员和管理人员的总流动率低于体力劳动者的流动率。

（二）劳动力所处的内在环境

1. 迁移距离

劳动力流动的可能性与迁移的距离呈反方向变动。统计结果表明，随着劳动力流动成本的上升，流动的劳动力数量也会随之下降。其原因主要有两方面：第一，距离越远，可能流动的劳动者获得工作机会的信息就越有限。第二，迁移的距离越远，迁移费用及迁移之后回去看望亲戚和朋友的交通费等货币成本，以及迁移的心理成本都会增加。

2. 强化工作匹配的意愿

由于雇员和雇主最初拥有的关于对方的信息不完善，且获取的成本比较高，员工与雇主达成的最初"匹配"很可能并不是最优的，并且也不会永远保持在最优的水平上。当员工与雇主之间的匹配不相吻合的时候，他们之间的雇佣关系就会结束，劳动力流动就会出现；而如果两者之间达成了一种良好的匹配关系，那么这种雇佣关系有可能得到较长时间的延续。从单个劳动力的角度来看，工作流动被看作是改善自身福利的手段之一；从更为全局的角度看，劳动力流动在执行着使得工人与那些对其技能评价最高的雇主相匹配的社会功能。

（三）外部宏观经济因素

1. 区域间劳动力供求的不平衡

经济发展较快的地区，人口的自然增长赶不上生产对劳动力需求的增长，会出现所谓劳动力短缺，就业相对容易，于是就会对劳动人口相对过剩地区的劳动力产生吸引力，导致这些地区劳动力的流动。

2. 经济发展水平的差异

经济发展水平的差异决定了劳动力供求的不同和同质劳动力的工资差别。在发达地区，就业机会远远多于不发达地区；工资水平也高于不发达地区，劳动力自然从工业化程度较低的地区流向工业化程度较高的地区。目标地区较好的机会所产生的"拉力"与原来地区较差的机会所产生的"推力"共同强化了劳动力流动。

3. 经济周期引起的波动

一般情况下，经济繁荣时间对劳动力的需求大，就业机会多，工资水平高，劳动力市场对外来工人既有吸引力也能容纳一定的数量，将会有较多的劳动力流入其中。反之，经济衰退时，劳动力市场急剧收缩，失业率大幅上升，工人工资水平下降，此时不仅劳动力流入暂时会停止，还会引起劳动力外流和外来工人的倒流。

4. 国际资本流动的影响

当一个国家的跨国公司建立之后，要在国外建立分公司，子公司，除了雇用当地工人以外，还要带去一些本国职工，以承担管理、培训等工作，因此出现了国际人才向东道主国家的流动。

辅导练习题

一、单项选择题

1. 以下关于劳动力流动的说法错误的是（　　）。

    A. 能够促进经济增长

    B. 能够保证劳动力市场的活力和效率。

    C. 能使人力资源得到充分利用

    D. 会造成失业

    参考答案：D

2. 以下对于劳动力流动的评价不正确的是（　　）。

    A. 流动净收益对劳动力流动起着决定性作用

    B. 劳动力自愿流动后会提高其工作总体满足度

    C. 劳动力流动后工资与先前变化不大

    D. 通常情况下雇主对员工的流动持反对态度

    参考答案：C

3. 以下有关劳动力自身条件影响劳动力流动的因素分析中说法错误的是（　　）。

    A. 年轻人更容易流动是因为其心理成本高于年长者

    B. 年轻人流动的潜在收益高于年长者

    C. 受过大学教育的人流动心理成本较小

    D. 配偶双方都有较高工资时更容易流动

    参考答案：A

4. 以下有关迁移距离对劳动力流动影响不正确的是（　　）。

    A. 劳动力流动的可能性与迁移的距离呈反方向变动

    B. 距离越近，可能流动的劳动者获得工作机会的信息就越有限

    C. 高智力的劳动力越有可能向远距离流动

    D. 不同素质的劳动力对迁移距离的敏感程度是不一样的

    参考答案：B

5. 以下不属于影响劳动力流动的宏观经济因素是（　　）。

    A. 区域间劳动力供求的不平衡

    B. 经济发展水平的差异

    C. 经济周期引起的波动

    D. 迁移距离的远近

    参考答案：D

二、多选题

1. 劳动力流动的主要形式有（　　）。

    A. 劳动力在本地更换行业、职业或工作岗位

    B. 退休后流动到其他地区再就业

C. 劳动力在地区之间流动，但不转换行业或职业

D. 劳动力转移工作地点并在其他行业或职业就业

参考答案：ACD

2. 年轻劳动力流动频繁的原因是（　　）。

A. 越年轻获得的投资收益越高

B. 越年轻获得的投资收益越低

C. 越年轻劳动力流动的损失越小

D. 年轻人流动的心理成本低于年长者

参考答案：ACD

3. 以下有关劳动力流动的描述正确的是（　　）。

A. 劳动力流动和人口流动有所区别

B. 劳动力流动受到劳动市场化程度的影响

C. 劳动力流动对雇主可能也会产生某些负面作用

D. 劳动力流动对雇员不可能产生负面作用

参考答案：ABC

第六节　劳动力市场歧视

一、歧视的定义与表现形式

劳动力市场歧视是指在现行劳动力市场上具有相同生产率的劳动力，由于在一些非经济的个人特征，如种族、性别、信仰、区域、年龄等方面不同，而影响了他们获得同等报酬或获取同等就业机会。

理解劳动力市场歧视的要点：第一，歧视是可以衡量的劳动力市场行为结果，如工资、就业水平、晋升机会等。第二，歧视概念应略去偶然性的常态随机差异，它只包含有规则而不相互排斥的差异。第三，歧视的概念提出了一个区分引起工资差异的劳动力市场歧视与前市场差别的方法。

二、劳动力市场歧视理论

劳动力市场歧视一般假设有三种可能，每一种歧视来源都包含一个相关模型来说明歧视是如何产生及其后果是怎样的。歧视的第一种来源是个人偏见，即歧视主要是由于雇主、作为同事的雇员以及顾客不喜欢与某些属于特定种族或性别的雇员打交道而造成的。第二种常见的歧视来源是先入为主的统计性偏见，即主要是由于雇主将某种先入为主的群体特征强加在个人身上而引起的。第三种歧视是由非竞争性劳动力市场力量造成的。

（一）个人偏见模型

该模型假设雇主、雇员或顾客存在"偏好性口味"，即他们偏向于不与某些特定人口群体中的成员打交道。个人偏见模型首先假设存在一种竞争性的劳动力市场，在这种市场中的单个厂商被看成是"工资接受者"；然后再来分析这些偏好口味对于工资和就业的影响。可以分为雇主歧视、顾客歧视、雇员歧视。

（二）统计性歧视

企业需要对求职者的个人特征做出评价，但是当他们试图对这些求职者的潜在生产率进行估价时，可以利用这些求职者所属的群体所具有的某些一般性信息来帮助自己完成这一工作。如果这些群体特征成为企业雇用决策的组成要素，那么即使不存在个人偏见，统计性歧视也有可能会出现。

（三）非竞争性歧视模型

这个模型的假设是，单个厂商对他们支付给工人的工资具有某种影响力，这种影响力可能是来自串谋，也可能是来自某种买方独家垄断力量。

1. 拥挤效应

由于职业隔离，尤其是按照性别形成的职业隔离在现实中是存在的，并且其严重程度也是较高的，因此这使得一些人认为，职业隔离是为了在某些特定行业中降低工资而故意采取的拥挤政策所造成的一种后果。由于市场拥挤，导致劳动力供给相对需求较多，从而使得工资率下降。尽管从寻求歧视的最终根源来看，所有原因都没能够对问题做出完整的解释，但是一个不可否认的事实是，越是女性占主导地位的职业，其工资率就越低，即使控制了工人的人力资本差别亦是如此。

2. 双重劳动力市场

双重劳动力市场论者将整体劳动力市场看成是被分割的两大非竞争性部门，主要部门和从属部门。主要部门中的工作所提供的是相对较高的工资率、较为稳定的就业、良好的工作环境以及进一步发展的机会。而从属部门中的工作则只能提供较低的工资率、不稳定的就业以及较差的工作条件并且根本没有职业发展的机会；在这一部门教育和经验的收益被认为是接近零。在双重劳动力市场论者的分析中，他们认为两大部门间的流动是非常有限的。被归入从属部门中的工人也被打上了不稳定、不受人欢迎的标签，一般认为，他们获得主要部门的工作的希望是极其渺茫的。

3. 与搜寻成本有关的买方独家垄断

该模型假设，对所有雇员来说，都存在一种搜寻工作的成本，并将厂商行为中的买方垄断模型与歧视现象结合在一起。

假如并非所有的雇主都拒绝雇用女性，只是有些雇主出于他们个人、他们的顾客以及他们的雇员所带有的偏见而会这么做，但是没有哪一位雇主会拒绝雇用男性。正在寻找工作的女性并不知道哪一位雇主会拒绝她们，所以为了获得与男性同等数量的工作机会，她们就不得不比男性进行更长时间和更为艰苦的搜寻。换言之，只要存在某些歧视性的雇主，女性的工作搜寻成本就会上升，而这会使她们的流动次数比男性要少（在其他条件相同的情况下）。而雇员搜寻成本的存在可能会导致单个雇主面临一种向右上方倾斜的劳动力供给曲线，这表明劳动力的边际成本将会上升到工资以上，从而即使在劳动力市场上有很多雇主的情况下同样也会引发雇主的买方独家垄断行为。另外，劳动力供给曲线的倾斜度越陡直，则工资和边际劳动成本之间的差距将会越大。

4. 串谋行为

有些理论还建立在这样的假设基础上，即雇主们彼此联合起来，合谋对女性或外来劳动力进行压制，从而制造一种被压制群体不得不接受买方独家垄断工资的局面。工人们被按照民族或性别分割开之后，要组织起来就更为困难，即使组织起来，坚持自己要求的程度也会有所减弱。此外，歧视在工厂中所制造的对立也转移了工人们对不良工作条件的关注。所有这些理论认为资本所有者是歧视的受益者，而所有的工人，尤其是女性和外来劳动群体，都是歧视的受害者。

三、性别歧视

性别工资报酬差别的来源中，有些差别是可以衡量的，如教育、年龄、职业分布、工作时间、经验年限等。显然，在控制了这些因素的差别后，因性别引起的工资报酬差别已经得到了大部分的解释。然而，即使所有的可衡量因素都包括在分析之中，还是有一些差别可能仍然"无法得到解释"。对此，存在两种可能的解释：一是这些剩下的工资报酬差别可能是由于某些因性别不同而导致且会对生产率产生影响的却无法衡量出来的因素造成的，如女性和男性在就业或家务劳动上的不同选择；二是这些未能得到解释的收入差别是劳动力市场上存在歧视性待遇的结果。

（一）性别歧视的形式

性别歧视一般有两种比较明显的形式：一是工资歧视，即对于同一职业，雇主支付给女性雇员的工资低于其支付给那些与女雇员有相同工作经验、相同工作条件的男性雇员的工资；二是职业歧视，即雇主故意将与男性雇员具有相同教育水平和生产率潜力的女性雇员安排到低工资报酬的职业上或负较低责任水平的工作岗位上，而把高工资报酬的工作留给男性雇员。

（二）性别歧视的衡量

1. 工资歧视的衡量

女性和男性之间的平均工资报酬差距既有可能是因为他们之间的不同生产率特征所导致的，也有可能是由于他们虽然拥有相同的生产率特征但所获得的报酬却有所不同而引起的。后一种差距来源被解释为当前劳动力市场歧视。从理想的角度看，可以通过下面的四个步骤对工资歧视进行确认和衡量。

首先，衡量男性和女性所拥有的各种生产率特征的水平，即分别搜集与男、女职工有关的信息。那些从理论上说与工资报酬决定有关的所有人力资本特征和其他方面的一些特征都在搜集之列，如年龄、受教育程度、培训水平、工作经验、当前工作的时间、工作小时、所在企业规模、所在地区、行业、职业、工作条件等。

其次，利用统计方法（基本统计技术即"回归方法"）估计每一种生产率特征对于女性工资报酬的贡献有多大。即可以估计出在其他生产率特征不变的情况下，某一生产率特征的变化是如何对工资报酬发生作用的。

再次，估计如果妇女的生产率特征与男性是完全相同的，则她们应该获得多少工资报酬。具体做法是，将女性从每一种生产率特征中所获得的工资报酬与男性所拥有的这些生产率特征的平均水平相乘。

最后，把计算出的女性的假设平均工资报酬水平（步骤3）与男性的实际平均工资报酬水平加以比较，就会得出对工资歧视的平均水平的一种估计。因为它反映了对于同一生产率特征，因支付给男性和女性工资不同所产生的影响有多大（在没有歧视情况下，具有相同生产率特征的男性和女性应当获得相同的工资报酬）。

但是这种对工资歧视衡量方法还有两个问题：一是并非所有可以衡量的潜在生产率特征都被包括在上面的那些数据组合中；二是有些重要的生产率特征可能根本就是无法衡量出来的。所以，即使在男性和女性可观察生产率特征相同的情况下仍然会存在工资差别，但不能将所有这些差别都认定为是劳动力市场歧视的结果，其中有些工资报酬差别实际上反映了劳动力市场供给方的一种自愿选择。

2. 职业隔离的衡量

职业隔离是指某一人口群体内部的职业分布与另外一种人口群体内部的职业分布极为不同。就性别而言，职业隔离的一种反映就是在实际中存在"女性"职业和"男性"职业这种现象。但职业隔离并非必然是对职业歧视的一种反映。如果职业选择受到直接限制，或受到既定人力资本特征所获得的报酬较低这一事实的影响，则职业隔离就肯定反映了劳动力市场歧视的存在。但如果这些选择只是反映了大家的不同偏好，或不同的家庭责任（特别是与照看孩子有关的家庭责任），则就可能会存在两方面的意见：一种意见认为不存在什么特殊的问题，职业偏好，包括对家庭工作的偏好，是在个人生活经历中自然形成的，并且应当在市场经济中得到尊重；另一种意见认为这些偏好本身就是前市场歧视的结果，即这种偏好在很大程度上是由于受父母、学校和社会的不同对待而形成的：在女孩子到达成人阶段和进入劳动力市场之前，她们就被引导去追求低工资报酬的职业（包括家庭劳动）。

对职业隔离的衡量，可采用差异指数法。差异指数的含义是，假如某一性别的工人留在他们现在的工作岗位上，那么为了使得两种性别的工人在各种职业中的分布是相同的，另外一种性别的工人中有多少比例的人不得不变换职业。如果所有的职业是完全隔离的，这一指数将会等于100；如果女性和男性在各种职业中的分布都是相同的，则这一指数为0。

四、对歧视理论的评价

对于各种歧视理论的分析表明，当前劳动力市场歧视是各种阻碍竞争者的力量或阻碍劳动力市场向竞争性力量进行调整的因素所造成的一种结果。虽然歧视成本是极高的，但要消除这种歧视行为同样要付出较大成本。

似乎所有的歧视模型都同意一点，这就是：劳动力市场歧视之所以能够得以持续存在，要么是由于非竞争性力量或非竞争性动机所导致的，要么是劳动力市场向竞争状态进行调整的速度过于缓慢造成的。尽管没有一个模型可以证明自己比其他更能够解释现实，但是这些理论以及他们所要解释的事实却表明，在消除非竞争性影响方面，政府干预可能是有用的。

辅导练习题

一、单项选择题

1. 以下有关歧视和前市场差别的说法错误的是（　　）。

    A. 由于家庭经济原因的限制造成孩子无法读大学，导致的他们与有条件的上大学的孩子的就业机会不同属于劳动力市场歧视

    B. 尽管具有同样的劳动生产率，但是由于种族的差别造成的工资报酬的不同属于劳动力市场歧视

    C. 由于女性的特殊生理特征造成的与男性劳动生产率的差别，导致他们的工资报酬不同属于前市场差别

    D. 由于先天身体素质差造成的劳动生产率低下，导致工资报酬低于其他员工属于属于前市场差别

    参考答案：A

2. 以下有关劳动力市场歧视的说法正确的是（　　）。

    A. 歧视是无法衡量的劳动力市场行为结果

    B. 歧视概念应略去偶然性的常态随机差异

    C. 劳动力市场歧视与前市场差别有所不同

    D. 劳动者是歧视的受害者

参考答案：C

3. 劳动力市场歧视是指(　　)劳动力，由于非经济的个人特征而影响其获得同等报酬或获取同等就业机会。

    A. 具有不同生产率的

    B. 具有相同生产率的

    C. 具有相同教育水平的

    D. 具有不同教育水平的

    参考答案：B

4. 以下不是劳动力市场歧视来源的是（　　）。

    A. 个人偏见

    B. 自我偏见

    C. 统计性歧视

    D. 非竞争性歧视

    参考答案：B

5. 以下不属于雇主歧视的是（　　）。

    A. 男性员工会抵制从女性员工那里接受命令

    B. 雇主认为具有相同教育水平的女性比男性对企业的价值要低一些

    C. 雇主偏好雇佣男性员工

    D. 雇主主观认为女性员工生产率偏低

    参考答案：A

二、多选题

1. 以下有关劳动力市场歧视的说法不正确的是（　　）。

    A. 歧视是无法衡量的劳动力市场行为结果

    B. 歧视概念应略去偶然性的常态随机差异

    C. 劳动力市场歧视与前市场差别不同

    D. 由于家庭经济状况而造成的就业机会差别属于前市场差别

    参考答案：AB

2. 劳动力市场歧视来源于（　　）。

    A. 个人偏见

    B. 自我偏见

    C. 统计性歧视

    D. 非竞争性歧视

    参考答案：ACD

3. 以下属于雇主歧视的是（　　）。

    A. 男性员工会抵制从女性员工那里接受命令

    B. 雇主认为具有相同教育水平的女性比男性对企业的价值要低一些

    C. 雇主偏好雇佣男性员工

    D. 雇主主观认为女性员工生产率偏低

    参考答案：BCD

 **第六章**

其他基础知识

学习目标

1. 掌握社会学的定义、研究对象，了解社会学的研究特点、研究领域和研究方法，了解社会学理论体系的基本知识。

2. 掌握社会调查统计分析方法，了解人力资源和社会保障领域相关统计调查调查指标。

3. 掌握心理学相关基本概念，掌握沟通的内涵与外延。

4. 了解人力资源和社会保障行政部门机构设置与职能。

5. 理解劳动争议仲裁、诉讼机构的职能和办案程序。

第一节　社会学常识

一、社会学的研究对象与研究特点

（一）社会学的定义

社会学是从变动着的社会系统的整体出发，通过人们的社会关系和社会行为来研究社会的结构、功能、发生、发展规律的一门综合性的社会科学。

（二）社会学的研究对象

社会学研究对象包括历史、政治、经济、社会结构、人口变动、民族、城市、乡村、社区、婚姻、家庭与性、信仰与宗教、现代化等领域。它从过去主要研究人类社会的起源、组织、风俗习惯的人类学，倾向变为以研究现代社会的发展和社会中的组织性或者团体性行为的学科。在社会学中，人们不是作为个体，而是作为一个社会组织、群体或机构的成员存在。

（三）社会学的研究特点

1. 整体性

社会学在研究社会的过程中，始终把社会看作一个有机整体，从整体的有机性出发去研究社会的结构与功能，研究社会的运行与调整。

2. 综合性

社会学的这种综合性特点，一方面突出表现在社会学研究任何一种社会现象、社会过程或社会问题时，总是联系多种有关的社会因素以至于自然因素来加以考察。另一方面，在研究社会现象与社会问题时往往借助于不同学科的知识作交叉学科或跨学科的探讨。

3. 实证性

社会学研究的实证性特点充分表现在它对社会调查的重视上。社会学研究虽然同其他学科一样离不开理论分析、比较、推演等一般的逻辑方法，但它的知识主要依靠对"社会事实"进行的具体的经验研究所获得的。即通过观察、调查、实验等途径获得"第一手"资料，从中检验理论假设，分析概括出理论知识。

（四）社会学的研究领域

社会学的研究领域按社会学的知识结构可分为理论社会学、应用社会学和经验社会学等。

1. 理论社会学

理论社会学是指从纯理论的角度来探讨人类社会各个时期的社会结构和社会发展的动力，以及发展的一般规律与特殊规律。如马克思主义社会学理论、发达国家社会学理论、发展中国家社会学理论和比较社会学等。

2. 应用社会学

应用社会学是指把社会学的理论知识（包括观点、方法、原理以及一些新的研究结论）应用于社会实际生活、社会现象和社会问题的研究，如对家庭、教育、犯罪、宗教、社会工作等方面的研究。

3. 经验社会学

经验社会学是以历史或现实中具体的社会现象和社会问题为对象，采用科学的手段收集资料，用定性或定量的方法描述社会事实以推导出社会事实的因果联系。

二、社会学理论体系的基本知识

（一）社会

社会的含义就是在一定地域内进行着的、以物质资料生产活动的方式为基础的、相互作用的人类生活共同体。

（二）社会结构

社会学研究社会结构的范畴很多，其中最基本的是社会经济结构、社会上层建筑结构、阶级阶层结构、人口结构、民族结构、家庭结构等。

（三）社会运行

社会结构是从静态方面考察社会，而社会运行则是从动态方面考察社会。所谓社会运行是反映社会有机体自身的运动、变化和发展的概念。社会运行分为三种类型，即良性运行、中性运行与恶性运行。

1. 良性运行。是指特定社会的经济、政治、社会生活、思想文化之间，社会各个系统之间（包括社会系统与外部系统的交换）以及系统的不同部分、不同层次之间的相互协调与相互促进；社会障碍、失调等因素被控制在最小的限度和最小的范围内。

2. 中性运行。是指社会运行有障碍，发展不甚平衡，包括较多明显的不协调因素，但它们还未危害、破坏社会的常态运行。

3. 恶性运行。恶性运行是指社会运行发生严重障碍，这种障碍破坏了社会的常态运行，社会甚至出现严重的离轨、失控现象。我国十年的"文化大革命"时期就属于这种情况。

（四）人的社会化

所谓社会化就是指作为个体的生物人，通过社会交互作用，学习社会文化，参与适应社会生活，成长为社会人的过程。

（五）社会互动

社会互动是指人与人之间的互相作用，其基本方式是个人之间具体社会互动过程的表现形式，也是宏观社会领域内重大社会互动过程的基础。包括以下几种方式：

1. 暗示与模仿

暗示就是一种行为或行为结果通过直接或间接的方式，在无批评、无对抗的条件下，迅速使他人的心理受到影响，并进而产生相应的行为的过程。暗示包括直接暗示、间接暗示、反暗示和自我暗示等类型。

模仿就是对暗示的反应，也就是由暗示刺激而引发的类似的心理及行为的反应过程。分为自动模仿和有意模仿两种类型。

2. 竞争与冲突

竞争与冲突都是互动者之间相互反对、相互排斥、相互对峙的活动。根据竞争对象的不同将竞争分为三大类：即地境的竞争、经济的竞争和社会地位的竞争。也有的西方学者把竞争分为合作竞争、文化竞争、地境竞争、制度竞争、社会竞争等。

冲突的种类多种多样。从冲突的性质上分为经济冲突、政治冲突、思想冲突、文化冲突、宗教冲突、民族冲突、阶级冲突等；从冲突的规模上有个人之间的冲突和集团之间的冲突；从冲突的程度上有口角、拳斗、决斗、仇斗、械斗、战争等。冲突对社会也会产生重大的影响作用，是积极作用还是消极作用，则要看冲突的性质而定。

3. 顺应与同化

顺应是指人类通过形成新的行为习惯或改变原有的行为习惯，以适合于环境需要的过程。顺应与竞争和冲突的关系十分密切，顺应是消除冲突的一种有效方法。顺应具有如下几种类型：①和解，也就是互动双方改变原有的敌对态度，彼此容纳、建立友好关系；②妥协，即双方通过订立一些条件而暂时平息冲突；③容忍，是指暂时采取克制的态度以避免冲突的发生；④调解，即由第三者出面对双方的矛盾加以调停；⑤仲裁，即通过第三者的裁决来解决双方的矛盾，这种仲裁对双方都具有约束力。

同化指的是人们由于生活环境的改变，而逐渐改变了原来的生活习惯以适应新环境的过程。

4. 合作

合作也是一种重要的社会互动方式，它指的是个人以及群体之间为达到某种共同的目标而彼此相互配合的一种联合行动。

（六）社会群体

社会群体，也称社会团体，是指二人以上，通过持续的社会互动或社会关系结合起来进行共同活动，并有着共同利益的人类集合体。

（七）社会组织

社会组织的含义是指人们为了达到特定的目标而有意识地建立起来的程序明确、责任分明、协作统一的社会群体。

（八）社会制度

社会制度就是为了满足人类的各种需要而形成的社会关系以及与此相联系的社会活动的规范系统。

（九）社会变迁

社会变迁是指由社会结构与功能上的演变而引发的一切社会现象的变化。社会变迁不同于社会进步。

（十）社会问题

社会问题，从广义上讲，就是为了社会有机体能够健康、高效地运行，维持其生存和发展我们必须解决的问题。从狭义上讲，社会问题是我们没有解决好我们所说的广义问题时所出现的问题，它的存在影响了社会健康地存在和发展。

（十一）社会控制

社会控制就是社会利用一定的手段和工具，对个人或集体的行为加以约束和限制，协调个人与个人、个人与社会以及社会各部分之间的关系，以保持社会的相对稳定和必要的社会秩序。社会控制的内容包括社会群体和组织之间的控制，社会各种组织对其成员的指导、约束和制裁，以及社会成员之间的相互制约、相互监督等。

三、社会学研究方法

社会学家用来进行社会学研究的方法有四种：实验法、调查法、观察法、文献资料法。

（一）实验法

实验法是根据一定的研究假设，在严格的控制条件下，系统地操纵一个或多个变量，观察、测量并记录这种操纵对其他变量的影响，以探求变量之间因果关系的方法。

它的操作过程是：1. 在实验开始时对因变量（y）进行测试（即前测试）；2. 引入自变量（x），让它发挥作用或影响；3. 在实验结束前再测量因变量（即后测）；4. 比较前测与后测的差异值就可以检验假设。如果没有差异，推翻假设，如果有差异，则可证实原假设。

（二）调查法

在社会学的研究中，人们常常使用直接向对象问询的调查方法，或是单纯为了收集资料，或是找出事实之间的关系，这种方法就叫调查法。

它的操作过程是：

1. 随机抽取调查样本；

2. 对调查样本进行问卷调查和访问。

（1）问卷法

问卷法是社会调查中最常用的资料收集方法。问卷分为自填问卷和访问问卷两种类型，自填问卷由被调查者自己填答，可以通过邮局或调查员亲自发放的方式送达到被调查者手中，而访问问卷由访问员根据被调查者的口头回答来填写。

（2）访问法

访问法是研究者去访问被调查者，通过向被调查者提问而获取调查资料的方法。它是最普遍的社会调查方法之一，整个访问过程是访问者与被访者互相影响、互相作用的过程。访问的目的是为了了解社会真实的情况。

访问法按访问对象的数量划分为个别访谈、集体访谈和德尔菲法。按控制程度划分为结构式访问和无结构式访问法。按交流方式划分为直接访问和间接访问法。

（三）观察法

观察法就是研究者根据研究课题需要，利用眼睛、耳朵等感觉器官和其他辅助观察设备，有目的地对研究对象进行考察，以取得研究所需的第一手资料的一种方法。

1. 参与观察法与非参与观察法

参与观察法是指观察者直接加入到某一社会群体中去，以内部成员的身份参与他们的活动，在共同的生活中观察、收集有关资料。参与观察的实施过程包括：进入现场、与观察者建立友好密切的关系、确定观察内容和制订观察计划、进行实地观察并做好记录撤离现场后写出调查报告。观察过程中研究者要尽量做到多听、多看、少发表意见，发言保持中立态度。

非参与观察法是指观察者以旁观者的身份，置身于调查群体之外进行观察，像新闻记者一样进行现场采访和观察。

2. 结构观察法与无结构式观察法

结构观察法是事先制订好观察计划，并严格按照规定的程序实施观察。

无结构式观察法是指观察的内容和程序事先不作严格规定，依据现场的实际情况随时决定的观察。

3. 直接观察法与间接观察法

直接观察法是对当前发生的活生生的社会现象进行观察，观察者与被观察者之间相互作用。间接观察法是指观察者通过对物化了的社会现象进行观察，即对自然物品、社会环境、行为痕迹等事物进行观察，以便间接认识调查对象的状况和特征。

（四）文献法

文献法是利用各种文献记录所隐藏的大量资料来进行社会学研究的方法。

辅导练习题

一、单项选择题

1. 社会学的研究对象（　　）。

　　A. 社会的起源

　　B. 社会组织

　　C. 风俗习惯

　　D. 社会的发展和社会中的组织性或者团体性行为

　　答案：D

2. 社会就是在一定地域内进行着的、以物质资料生产活动的方式为基础的、相互作用的（　　）。

　　A. 人类组织

　　B. 社会组织

　　C. 群体

　　D. 人类生活共同体

　　答案：D

3. 社会运行是从（　　）方面考察社会的。

　　A. 静态

　　B. 动态

　　C. 稳定性

　　D. 社会学

　　答案：B

4. 社会化就是指作为个体的生物人，通过（　　）学习社会文化，参与适应社会生活，成长为社会人的过程。

　　A. 社会熏陶

　　B. 人与人接触

　　C. 模仿

　　D. 社会交互作用

　　答案：D

5. 社会控制是社会利用一定的手段和工具，对个人或集体的行为加以约束和限制，协调（　　）的关系，以保持社会的相对稳定和必要的社会秩序。

　　A. 个人与个人、个人与社会以及社会各部分之间

　　B. 个人与社会之间

　　C. 个人与组织之间

　　D. 人与人之间

　　答案：A

6. 实验法是根据一定的研究假设，在严格的控制条件下，系统地操纵一个或多个变量，观察、测量并记录这种操纵对其他变量的影响，以探求变量之间的（　　）方法。

　　A. 因果关系

　　B. 随机关系

　　C. 表里关系

　　D. 真伪关系

　　答案：A

二、多项选择题

1. 社会学是从变动着的社会系统的整体出发，通过人们的社会关系和社会行为来研究（　　）的一门综合性的社会科学。

　　A. 社会的结构

　　B. 功能

　　C. 发生

　　D. 发展规律

　　答案：ABCD

2. 社会学特点（　　）。

　　A. 整体性

　　B. 综合性

　　C. 社会性

　　D. 实证性

　　答案：ABD

第二节　社会调查统计分析方法

一、社会调查研究方法

（一）社会调查研究资料的统计分析方法

社会调查研究所需的各种资料收集起来以后，经过认真地审核和整理，就进入到分析阶段。资料分析包括统计分析和理论分析。统计分析就是通过对统计数据的研究，探索出事物内在的规律性。分析方法包括：

1. 集中量数分析

集中量数分析指的是用一个典型值或代表值来反映一组数据的一般水平，或者说反映这组数据向这个典型值集中的情况。最常用的集中趋势测量指标有算术平均数（简称平均数，也称为均值）、众数和中位数，有时也用几何平均数。

2. 离中量数分析

与集中量数分析相反，离中量数分析指的是用一个特别的数值来反映一组数据相互之间的离散程度。常见的离中量数统计量有极差、标准差、异众比率、四分位差等。其中，标准差、异众比率、四分位差分别与平均数、众数、中位数相对应，判定和说明平均数、众数、中位数代表性的大小。

3. 相关与回归分析

集中趋势和离散趋势分析都仅限于一种变量，或对两种变量进行比较。在社会研究中，许多问题涉及的不仅仅是一个变量，常常要研究两个变量以及两个以上变量的关系，如研究文化程度和择业心理的关系等。在统计分析中，这种联系叫变量的相关关系。

（二）社会调查研究资料的理论分析方法

理论分析的方法包括比较分析法、因果分析法和结构功能分析法。

1. 比较分析法是确定认识对象之间相异点和相同点的逻辑思维方法，它包括横向比较法、纵向比较法和理论与事实比较法三种方法。

2. 因果分析法是探寻现象或事物之间因素关系的方法，任何现象都不是偶然的，科学研究的任务就是发现事物之间的因果关系，因果分析法包括求同法、求异法、求同求异并用法、共变法和剩余法。

3. 结构功能分析法是一种系统分析，它是以系统论为依据，侧重从整体的结构和运行上说明具体现象。

二、人力资源和社会保障领域相关统计调查方法及数据采集

人力资源和社会保障部内相关统计调查的调查既有全面调查，也有抽样调查和典型调查；数据采集渠道既有逐级上报也有企业直报等方式；调查对象既有企业也有个体，既有输入地也有输出地。

（一）调查方法

人力资源和社会保障部内相关统计调查的调查既有全面调查，也有抽样调查和典型调查，还有其他一些调查方式。

1. 全面调查，是指国家统计系统和各个业务部门为了定期取得系统的、全面的基本统计资料，按一

定的要求和表式自上而下统一布置，自下而上提供资料的一种统计调查方法。简而言之，就是对需要调查的对象进行逐个调查。全面调查方法所得资料较为全面可靠，但调查花费的人力、物力、财力较多，且调查时间较长。

2. 抽样调查，是一种非全面调查，是从需要调查对象的总体中，抽取若干个个体即样本进行调查，并根据调查的情况推断总体的特征的一种调查方法。抽样调查可以把调查对象集中在少数样本上，并获得与全面调查相近的结果。这是一种较经济的调查方法，因而被广泛采用。

抽样调查也会遇到调查的误差和偏误问题。通常抽样调查的误差有两种：一种是工作误差（也称登记误差或调查误差），另一种是代表性误差（也称抽样误差）。

3. 典型调查，指根据调查研究的目的，在若干同类调查对象中选取一个或几个有代表性的对象进行系统、周密地调查研究，从而认识这一类对象的本质特征、发展规律，找出具有普遍意义和有价值的经验和值得借鉴的教训。

4. 其他调查方式。抽样调查的结果比较可靠，不仅建立于抽样方法的确定，更要基于对总体特征的掌握。在现实操作中，由于要兼顾各地行业分布、经济发展程度等特征，在样本选择中采取了人为确定样本数量的方式，在安排样本量时充分考虑当地经济发展、行业、登记注册类型或规模等特征。

（二）数据采集方式

人力资源和社会保障部内现有统计调查制度的数据采集方式主要有两种形式：一是逐级上报；二是直报。

1. 逐级上报

政府部门组织的调查多数采用逐级上报制。如统计报表制度、失业动态监测制度和劳动力市场职业供求状况分析制度等采取的都是逐级上报制。

2. 直报

逐级上报，存在统计上的重复、交叉或遗漏。调查对象直报制度，采用网络直报和信息化，可有效解决统计工作量大、比较分散等问题，又可实现动态化数据监测，正在逐步被各类调查制度所采用。在实际运用中，人力资源社会保障基本情况调查、企业春季用工需求调查和农村外出务工人员就业情况调查采取的都是类似直报的方式，企业在岗职工工资和人工成本调查采取的就是企业直报方式。

（三）统计频率

人力资源和社会保障部内现有统计调查由于开展背景、开展时间等的不同，统计频率也各有差异，最短的有旬报，最长的是年度统计，除此之外还有月报、季度报，还有一些统计调查尚处于试点阶段。

具体来说，人力资源和社会保障统计报表制度采用年度、季度和月度统计相结合。其中，原则上年报数据于次年2月底前报送，季（月）度数据于季（月）后7日前报送。人力资源社会保障基本情况调查每年进行一次。失业动态监测制度是每月调查一次。劳动力市场职业供求状况分析制度是每季度发布一次季度分析报告。企业春季用工需求调查和农村外出务工人员就业情况调查于每年春节前几天开展，每年一次。

三、人力资源和社会保障领域相关统计调查指标

由于调查目的、调查对象等的不同，部内现有相关统计调查使用的指标有很大差异。

（一）指标覆盖面

在人力资源和社会保障部内各相关统计调查中，指标设计有非常全面的，也有仅涉及相关业务的。

人力资源和社会保障基本情况调查采用问卷调查形式，所使用的指标覆盖面也较广。其中城镇居民调查问卷包括住户基本情况、家庭成员基本情况和就业、劳动合同签订、工时工资、社会保险等情况；企业农民工调查问卷包括所在企业基本情况、农民工个人基本情况、劳动合同签订、就业渠道、工时工资、社会保险、职业技能培训等情况。除此之外，其他统计调查使用的指标与其调查目的紧密相关，指标主要覆盖相关业务领域。如企业春季用工需求调查和农村外出务工人员就业情况调查使用的问卷调查，前者主要调查企业行业、注册类型、员工数、计划招工数及对招工的性别、年龄、文化程度、技能等级等要求；后者主要调查农村外出务工人员的就业情况、收入、未来外出打算等。

（二）既有原始基础指标，也有统计生成指标

由于调查对象和数据采集方式的不同，对企业或劳动者等微观对象进行的问卷调查，一般都采用原始基础指标；通过政府部门汇总上报的调查，一般都采用统计生成指标。如失业动态监测制度、企业在岗职工工资和人工成本调查的调查对象是企业，使用的指标基本上都是原始指标；人力资源和社会保障基本情况调查、企业春季用工需求调查和农村外出务工人员就业情况调查对劳动力（城镇居民或农民工）进行问卷调查，所使用指标都是原始指标，而非加工或生成指标；而人力资源和社会保障统计报表制度、劳动力市场职业供求状况分析制度、就业相关数据快速调查制度是通过政府部门逐渐汇总上报，使用的指标基本上都为生成指标（统计指标）。

辅导练习题

一、单项选择题

1. 人力资源和社会保障统计报表制度（　　）是由牵头组织开展的、全面性的统计调查项目。

　　A. 人力资源和社会保障部规划财务司

　　B. 财政部

　　C. 国家统计局

　　D. 国家人口委员会

　　答案：A

2. 失业动态监测制度是由（　　）牵头、部内相关单位共同组织开展的。

　　A. 统计司与监察司

　　B. 失业保险司与就业培训技术指导中心

　　C. 农民工司

　　D. 就业司

　　答案：B

3. 劳动力市场职业供求状况分析制度建立的时间是（　　）。

　　A. 1999 年

　　B. 2008 年

　　C. 1992 年

　　D. 1997 年

　　答案：A

4. 基本医疗保险基金累计结余指截至报告期末基本医疗保险的（　　）基金累计结余金额。

A. 社会统筹

B. 社会统筹和个人账户

C. 个人账户

D. 财政专户

答案：B

二、多项选择题

1. 人力资源和社会保障统计报表制度调查的内容（　　　）。

A. 人才统计

B. 就业与失业统计

C. 社会保险统计

D. 工资分配统计

答案：ABCD

2. 人力资源社会保障基本情况调查包括（　　　）。

A. 居民抽样调查

B. 企业农民工典型调查

C. 收入调查

D. 社会保险参保率调查

答案：AB

第三节　心理学常识

一、个性心理与个体行为

（一）个性心理

1. 个性概念

个性是指个体身上特有的、稳定的、经常表现出来的、具有一定倾向性的心理特征的总和①。

2. 个性特点

（1）社会性

由于每个人作为社会的一员都生活在各种社会关系中，因此每个人的个性特征都是受社会影响而形成的。一个人如果离开了他人，离开了社会，个性便丧失了存在的基础。

（2）独特性

人与人之间存在着个别差异，每个人都与别人有所不同。世界上不存在两个个性完全相同的人，每个人都有自己独特的风格和个性。个性就是这种在个人身上表现出来的独特的心理特征的总和。

（3）稳定性

个性是个体内在的、比较稳定的心理特征，当某些特征偶尔出现时不能称为个性。只有那些一贯的、

---

① 张旭东、刘益民、欧何生：《心理学概论》，科学出版社 2009 年版。

经常而持久出现的心理特征，才能叫个性。当然这种稳定性也不是绝对的，随着人所处环境的改变或本人的主观努力，个性也是可以改变的。

（4）倾向性

个性是一个人所具有的一定的内在意识倾向性，它表现为个人在需要、动机、信念、理想、价值观方面的不同，又体现了人与人之间的能力、气质、性格和兴趣等方面存在的个别差异。这种个别差异是由内在的倾向性所致。

（5）整体性

个性是以整体形式表现出来的，是一个统一的整体。一个人的各种心理现象和心理过程都是有机地联系在一起的，表现在一个具体的人身上。如在活动中气质、能力和性格相互联系、相互制约，在同一行为中表现各自的特征。

3. 影响个性形成的因素

每个人个性的形成要受很多因素的影响，既有先天的，也有后天的。大多数个性特征是在先天和后天两种因素共同影响下形成的[①]。

（二）个体行为

1. 人的行为特征

由于受性别、年龄、职业等影响，人的行为是千差万别的，但又有其共同的特征，表现如下[②]。

（1）目的性

人的行为不是盲目的，而是有动机、有目的的，个体有些行为在旁人看来是毫不合理的，但对其本身来说却是合乎目标的。

（2）持久性

在目标没有达到以前，任何行为都是不会终止的。个体也许会改变行为方式，或许由外在行为转为潜在行为，但总是朝着目标前进。

（3）可塑性

个体为了达到目标，不仅常改变行为方式，而且经过学习或培训而改变行为的内容。这与其他受本能支配的动物行为不同，人类的行为都是具有动机性的行为，具有可塑性。

2. 个性对个体行为的影响

首先，表现在个性对个体的工作活动、群体人际关系的影响，这对于个体在组织中的成就表现是至关重要的。由于个性差异的存在，个体在工作活动的动力、活动的内容、活动的过程特点、活动的方式选择，以及对活动结果的影响上都具有一定的独特性。这些因素对于确定管理活动中的人力资源配置，对于人员的发展与培养，对于确定绩效考核的目标与方式都将产生重要影响。

其次，表现在个性对个体行为方向的主观努力选择，以及在行动过程中克服困难、忍受挫折的意志品质上。由于个性差异的存在，在行为的意志品质上，个体之间存在着差异。因此，了解个性特点，选拔能够适应组织的特殊要求，并能很好地在组织中充分发挥自己特长的个体，对于组织管理活动的成功将起重要作用。

---

①　傅国亮：《名师人生》，高等教育出版社2010年版。

②　郭本禹：《当代心理学的新进展》，山东教育出版社2003年版。

二、群体心理与行为

（一）群体

1. 群体的概念及特征

群体是组织管理中的基本单元，是两个及以上成员经常性地一起工作，形成稳定的关系模式，以实现共同目标。

群体有四个特征：成员间有经常的、频繁的相互作用和相互影响；都认同自己是群体中的一员；成员组织结构相对稳定，并遵守共同的行为规范；为完成共同的目标成员间相互分工协作[①]。

2. 群体的类型

在日常工作和生活中，有各种群体的类型。常见的是根据群体形成的方式划分为正式群体和非正式群体。

（1）正式群体

正式群体是组织中占主导地位的群体类型，由组织根据特定的目标通过正式途径组建和任命的。群体内有明确的分工和结构，群体的负责人起着关键的作用。

（2）非正式群体

非正式群体是指在正式群体之外，根据个人关系、兴趣爱好、利益等因素，通过人际互动过程自发形成的群体。非正式群体可以在正式群体中，也可以跨越多个正式群体。非正式群体可以起到增进友谊、获取帮助、咨询交流等积极作用。

（二）群体规范与内聚力

1. 群体规范

群体规范是指群体所建立的普遍认同的行为标准与准则。一般情况下，群体规范是非正式的、不成文的规定。它不同于组织的规章制度，后者往往是正式的、书面的。群体规范通常有四个方面的作用：

（1）促进群体成长发展并帮助群体实现目标；

（2）使管理程序简化，提高群体绩效；

（3）帮助群体塑造正面形象，以适应各类情景；

（4）树立群体核心价值观，有利于组织文化建设。

2. 群体内聚力

群体内聚力是成员被群体吸引并愿意留在群体内的程度。群体的这种对成员的吸引力称为群体内聚力。它包括整个群体的吸引力，以及群体成员之间的吸引力。

群体内聚力的高低受以下因素影响：

（1）群体的领导方式。不同的领导方式对群体内聚力有不同的作用。"民主"型领导方式可能使群体内聚力更高。

（2）外部影响。外来的因素或竞争会增强群体成员间的价值观念，从而提高群体的内聚力。

（3）群体规模。小群体比大群体有更高的内聚力。因为小群体成员间有更多的交往机会。群体规模越大，异质越多，态度和价值观差异也越大，所以大群体内聚力低。

（4）群体的绩效。一个成功的群体更容易提高内聚力。绩效好的群体使成员产生优越感，彼此增进

---

① Robert A. Baron 著，刘晓春译：《社会心理学》，台湾清叶文化事业有限公司 2000 年版。

好感，而失败则往往使成员们互相埋怨，并减弱内聚力，最终导致群体瓦解。

（三）群体决策

1. 群体决策的优势

在群体活动中，有时需要个体决策，而大多情况下需要群体决策。与个体决策相比，群体决策有很多优势：

（1）提高决策的准确性

群体决策条件下可以比个体决策获得更多的信息，尤其在多样性程度比较高的群体中，群体成员参与决策，加强了多种信息的纵向和横向交流，往往会产生多种备选方案，并作出更多选择，提高决策的准确性，降低了决策失误的风险。另外，群体成员还通过决策过程更好地了解决策的内容和任务，有利于提高随后的工作效率。

（2）提高了群体成员的高承诺接受度

由于群体决策的结果更容易得到所有成员的理解和接受，因而在群体成员中形成对决策的高承诺度，成员更愿意承担指派的任务和接受所需要的变革。群体决策增强了成员间的相互了解和信任，同时也利用适当的群体压力制定较高而又能达到的目标，提高了群体成员的高承诺接受度。

2. 群体决策的偏差

在实际决策过程中，由于受各种因素的干扰和制约，群体决策往往存在各种偏差。主要受两种因素影响：

（1）小集团意识

小集团意识是指群体决策时，高内聚力的群体往往以表面一致意见的压力阻碍不同意见的发表，使得群体决策出现偏差，失去对问题和解决方案作出批判性分析和评价的能力，导致决策失误。

（2）极端性转移

极端性转移是指群体决策比个体决策更容易出现冒险倾向或极端倾向，这是由于在群体决策中责任分散和规范强化的影响所造成的。在群体决策过程中，如果一开始群体成员就有比较一致的意见，那么群体决策极端性转移的方向则取决于讨论开始时多数人的偏向。因此，群体决策起到了强化最初群体偏向而使之成为规范的作用。所以，在群体决策中需要注意预防和矫正极端性转移倾向，提高决策质量。

3. 预防群体决策偏差的措施

（1）群体参与决策和互相交流信息

在决策过程中，群体内应当公开交流、互相支持。从某种意义上说，主管者有更多的决策信息和资源。为了提高决策的效率，主管者应当把任务分发给下属并发挥其专长，积极听取不同意见。大量研究表明，群体比个体独自工作能做出更有效的决策。从信息角度上看，群体通常比单个人拥有更完备的信息。从参与角度上看，群体讨论会导致参与者对主题高度介入。在群体决策过程中，参与者对自己的观点沉迷越少，对他人的观点考虑越多，决策质量就越高。

（2）构建异质性的群体

群体成员的构成对群体决策有着重要影响。异质性的群体能产生更革新、更独特的解决问题的方法，这是由于群体成员对所面临问题的观点差异及各自不同的经历所引起的。在决策中，群体的异质性使决策过程可能产生差异，许多不同观点和不同意见将变成有用资源，将会得出许多可能的方案，大大降低了群体决策偏差的风险。

辅导练习题

一、单项选择题

1. 个性是指个体身上特有的、稳定的、经常表现出来的、具有一定（ ）的心理特征的总和。

    A. 倾向性

    B. 随机性

    C. 选择性

    D. 安全性

    答案：A

2. 群体是组织管理中的基本单元，是（ ）成员经常性地一起工作，形成稳定的关系模式，以实现共同目标。

    A. 两个及以上

    B. 三个及以上

    C. 多个

    D. 团队

    答案：A

3. 正式群体是组织中占（ ）的群体类型，由组织根据特定的目标通过正式途径组建和任命的。

    A. 重要地位

    B. 主导地位

    C. 主要地位

    D. 次要地位

    答案：B

4. 群体规范是指群体所建立的普遍认同的（ ）。

    A. 法律规范

    B. 章程

    C. 规章制度

    D. 行为标准与准则

    答案：D

5. 群体内聚力是成员被群体吸引并愿意留在群体内的（ ）。

    A. 力量

    B. 可能性

    C. 程度

    D. 希望

    答案：C

6. 纵向谈判是指在确定谈判的（ ）后，对问题和条款逐一讨论和解决，一直到谈判结束。

    A. 主要问题

    B. 主要观点

    C. 主要意见

D. 主要想法

答案：A

二、多项选择题

1. 个性特点包括（　　）。

A. 社会性

B. 独特性

C. 稳定性

D. 倾向性

答案：ABCD

2. 影响个性形成的因素包括（　　）。

A. 朋友因素

B. 先天遗传因素

C. 后天社会环境

D. 家庭因素

答案：BD

第四节　人际沟通的方法与技巧

一、群体中的人际关系

（一）人际关系的概念

人际关系是人们在进行物质和精神交往过程中发展和建立起来的人与人之间的关系，是个体通过交往形成的信息和情感、能量和物质交流的有机渠道。

从一定的目的出发，人们借助语言、表情、动作传递信息，形成组织，构成社会，所有的人际关系归根到底都是人与人之间的关系。一般说来，人际关系是一种社会关系，它包含在社会关系体系中，而社会关系有更为广阔的内容，它只能通过各种复杂的人际关系表现出来。

（二）人际关系的特点

1. 社会性

社会性是指人际关系通过社会关系表现出来的属性，它是人际关系的本质属性。社会性是人际关系的一个根本特点，正是这一特点把社会和自然界区别开来，把人的群体关系同动物的群体关系区别开来。人际关系的社会性随着社会的进步和发展而逐渐增强。

2. 历史性

历史性是指人际关系发生的新旧交替、发展变化的特性。它既表现在整个人类社会的发展过程中，也表现在个体或群体的相互关系上。

3. 客观性

客观性是指人际关系在人们的社会活动中确立的、不随人们主观意愿改变的、具有现实和真实的特性。

4. 多样性

人际关系的多样性是指人际关系具有多内容、多形式、多层次的特点，由此构成了社会的复杂性和人的复杂性。

（三）人际关系的作用

概括起来，人际关系有如下作用：

1. 产生合力

在人与人之间创造平等、团结、互助的心理气氛，理顺关系、消除内耗、集中精力、齐心一致，是形成合力、实现整体效应的基本条件。否则，在一个人际关系紧张的群体里，内耗不断，必然会产生"负合力"。

2. 优势互补

在一个有良好人际关系的群体里，人们在工作和交往中能够取长补短，互相学习，促进彼此能力的提升。

3. 相互激励

在一个有良好人际关系的群体里，人与人之间彼此信任，互相鼓励。良好的氛围给群体中的每一个成员带来了创造的活力，激励着每个人向更高的目标迈进，不断积累知识提高能力。

4. 交流信息

在信息化社会，良好的人际关系有助于人们之间的信息交流，在信息交流过程中，人际关系结构本身也可以得到改善。

5. 联络感情

在日常工作和生活中，人与人之间有交往的需要。改善人际关系，加强感情联络，对任何人都是必要的。良好的人际关系为人们的交往和感情沟通提供了条件。

（四）人际交往的原则

现代社会人际关系的一个重要发展趋势，是孤立、分散的人际关系状态正在被迅速打破，人与人之间的交往与合作越来越多，这是社会化大生产的需要。为构建和谐的人际关系，在人与人交往的过程中应遵循以下原则：平等待人原则、互利原则、信用原则、相容原则。

二、沟通的内涵与外延

（一）沟通的概念

沟通是指两个及以上的个体或群体之间交换信息和分享思想及感情的过程。在计划、组织、领导、决策、监督、协调等管理过程中，沟通起着非常重要的作用。沟通是有效管理的重要途径和关键条件。

（二）沟通的目的

组织中信息沟通的目的是促进变革。由于信息沟通把各项管理职能连成一体，因此它在组织内部必然行使一定的职能。组织沟通有以下目的：

1. 设置并传播组织的目标；

2. 制订实现目标的计划；

3. 领导和激励组织成员营造一个良好的工作环境；

4. 协调行动；

5. 实现信息共享；

6. 表达情感和情绪。

此外，信息沟通也把组织同外部环境联系起来。任何一个组织只有通过信息沟通才能成为与其外部环境发生作用的开放系统。

（三）沟通的作用

信息沟通的作用在于使组织内的每个成员都能够做到在适当的时候，将适当的信息，用适当的方法，传给适当的人，从而形成一个健全的、迅速的、有效的信息传递系统，以有利于组织目标的实现。

信息沟通是正确决策的前提和基础。任何组织机构的决策过程都是把情报信息转变行动的过程。因此，准确、可靠而迅速地收集、处理、传递和使用组织内外的信息是决策过程的重要环节。任何决策的失误都是信息沟通不畅造成的，因此，没有沟通就没有正确的决策。

（四）沟通的形式和方法

信息沟通可以按不同的标准分为多种形式。

1. 按照组织管理系统和沟通体制的规范程度，可以分为正式沟通和非正式沟通。正式沟通是通过组织管理渠道进行的信息交流，传递和分享组织中的工作信息。例如，在组织中上级文件向下级传达，或下级情况逐级向上级反映等，都属于正式沟通。非正式沟通是在正式渠道之外进行的信息交流，传递和分享组织正式活动之外的"非官方"信息。非正式沟通也是组织中重要的信息交流渠道。例如，员工间私下交流意见，议论某人某事以及传播小道消息等都是非正式沟通的行为。当正式沟通渠道不畅通或出现问题时，非正式沟通会起十分关键的作用，人们真实的思想和动机往往在非正式沟通中更多地表现出来。

2. 按照沟通方向的可逆性特点，可以把沟通分为单向沟通和双向沟通。发送者和接收者之间的地位不变为单向沟通，两者之间地位变换是双向沟通。单向沟通的速度比双向沟通快，而双向沟通的准确性比单向沟通高。

3. 按照沟通的方法，可以将沟通分为口头沟通、书面沟通和电子沟通。口头沟通是指通过口头言语信息进行交流，如报告、会议、传达、面谈、讨论、演说等形式；书面沟通是指文件、刊物、书面报告、通知等；而电子沟通则是指通过互联网络、电子邮件及各种网络传递、交流信息的方式。在组织管理工作中，口头沟通和书面沟通都必不可少，而电子沟通是近年来日益盛行、迅速发展并受人关注的沟通形式。这三种沟通形式各有其优缺点。口头沟通速度快、比较灵活，可以双向交流，及时反馈，但是口头沟通容易出现"过滤"或"夸大"的偏差。书面沟通比较正式，具有永久记忆性，可以重复使用和阅读，但是不够灵活，不易传递情绪信息。电子沟通的速度快，效率高，可以多方位沟通，空间跨度大，但是却难以得到及时反馈。

（五）沟通的要求

为提高信息沟通的效率，在信息沟通中应做到：

1. 沟通要有认真的准备和明确的目的性；

2. 沟通要有确切的内容；

3. 沟通要有诚意，取得对方的信任并建立起感情；

4. 沟通要有技巧。

三、有效沟通的方法和技巧

（一）高品质沟通的基础是良好的心态

高品质的沟通是组织有效运行的有力保证。沟通的最高境界是心灵的沟通。高品质沟通的基础是要有一个良好的心态。高品质沟通需要有以下良好的心态：仁爱心；恭敬心；同理心（站在对方的立场上感同身受）；真诚心；热情心；自信心；责任心；包容心。

（二）积极倾听是良好沟通的前提

积极倾听：在思维上参与交流，给予非语言反馈。同时在脑中对信息进行分析、思考和判断，并提出疑问。

积极倾听的技能有如下几个方面：

1. 与对方有目光的交流。说话者在说话的同时也在观察你的眼睛，判断你是否在倾听。如果我们尊重对方，真正地用心在听，你要看着对方。沟通是在接受者内心深处进行的。但也要注意尺度，不可直视对方的眼睛或长时间盯着对方的眼睛。

2. 恰当的反应。积极的倾听者会对所听到的信息表现出兴趣。赞许性的点头、恰当的面部表情与积极的目光接触相配合，向说话人表明你在认真倾听。

3. 不要有分心的手势或姿态。在倾听时不要有下列举动：看表、将手搂在头后、心不在焉地翻阅文件、拿着笔乱写乱画或身体背对着对方等，这会使说话者感觉到你很厌烦或不感兴趣。更重要的是，这也表明你并未集中精力，因而很可能会遗漏一些说话者想传递的信息。

4. 适当的提问。善于思考的倾听者会分析自己所听到的内容，并可以适当地提出问题以保证理解的准确性，同时也说明你在认真地倾听和积极地反馈。

5. 复述。积极的倾听者常常使用这样的语句："我听你说的是……"或"你是否是这个意思？……"复述是检查你是否在认真倾听的最佳手段，同时它也在检验自己理解的准确性。

6. 请勿打断说话者。在你做出反应之前先让说话者讲完自己的想法。不要急于表达自己的观点。否则，你可能会遗漏重要的信息，也会使说话者产生反感，成为沟通的障碍。

7. 耐心倾听。大多数人乐于畅谈自己的想法而不是聆听他人所说。很多人之所以倾听，仅仅因为这是能让别人听自己说话的必要付出。一个好听众应该是一个耐心的倾听者。好的倾听者能够听到对方未说出口的话。

8. 使听者与说者的角色顺利转换。对于在课堂上听讲的学生来讲，可能比较容易形成一个有效的倾听模式。因为此时的沟通完全是单向的，教师在说而学生在听。但这种教师—学生的双向固定角色并不典型。在大多数的组织活动中，听者与说者的角色在不断地转换。积极的倾听者能够使说者到听者以及从听者再回到说者的角色转换十分顺利。

辅导练习题

一、单项选择题

1. 管理沟通就是（　　）之间对某种信息的传递与理解。沟通所传递的信息包括客观情况和事实，也包括人的思想、意见、态度和感受等。

A. 上下级

B. 两个人或者两个主体

C. 组织成员

D. 职业准则

答案：B

2. 沟通网络指的是（　　）的通道。

A. 指令流动

B. 信息流动

C. 感情流动

D. 情绪变化

答案：B

3. 链式沟通相当于一个（　　）。

A. 水平沟通系统

B. 横向沟通系统

C. 纵向沟通系统

D. 垂直沟通系统

答案：C

4. 人际冲突是指（　　）之间在认识、行为、态度及价值观等方面存在的分歧、矛盾或相互排斥。

A. 人与人

B. 组织内部

C. 团队内部

D. 团队之间

答案：A

5. 纵向冲突是组织内不同（　　）之间的冲突，主要表现为上下级之间的冲突。

A. 部门

B. 级别

C. 人群

D. 阶级

答案：B

二、多项选择题

1. 管理沟通的三种情况（　　）。

A. 沟而不通

B. 沟通阻碍

C. 沟而能通

D. 不沟而通

答案：ACD

2. 常见的沟通障碍（　　）。

A. 语言表达能力

B. 信息过滤

  C. 选择性知觉

  D. 地位的差异

  答案：ABCD

3. 积极倾听的技能有如下几个方面：（ ）

  A. 与对方有目光的交流

  B. 使听者与说者的角色顺利转换

  C. 耐心倾听

  D. 请勿打断说话者

  答案：ABCD

第五节　人力资源和社会保障行政部门机构设置与职能

一、促进就业（失业保险）部门

  组织拟订就业规划和年度计划、统筹促进城乡就业政策、公共就业服务体系建设规划，并监督实施；建立健全就业、失业管理制度，并组织实施；会同有关部门拟订就业援助和特殊群体就业政策，并组织实施；拟订失业保险政策和制度，并组织实施；拟订就业专项资金和失业保险基金管理办法；负责就业、失业的预测预警和信息引导；负责关停破产企业职工分流、安置工作的协调、指导。

二、人力资源市场管理部门

  拟订并组织实施人力资源市场的发展规划和管理办法，建立统一规范的人力资源市场；建立完善本地区和国（境）外人力资源服务机构市场准入管理制度；负责人力资源市场服务机构的监督管理；规划、指导人力资源市场信息化建设工作。

三、职业能力建设部门

  拟订城乡劳动者职业培训政策和规划，并组织实施；拟订高技能人才、农村实用人才培养和激励政策；拟订职业分类、职业技能地方标准和行业标准；拟订职业技能鉴定政策，完善职业技能资格制度；拟订技工学校、职业培训机构和职业技能鉴定机构发展规划和管理规定，并组织实施和监督检查；指导技工学校和职业培训机构师资队伍和教材建设；拟订劳动预备制度实施办法；拟订工人技术等级考核政策，并组织实施。

四、劳动关系部门

  拟订劳动关系政策；拟订劳动合同和集体合同相关政策，并组织实施；落实工时、休息休假标准，拟订相关政策并组织实施；拟订企业职工工资收入分配的宏观调控政策和办法；拟订企业最低工资标准和相关政策，并组织实施；拟订消除非法使用童工政策和女工、未成年工的特殊劳动保护政策。

五、职工养老保险部门

拟订机关企事业单位职工基本养老保险及补充养老保险政策和规划，并组织实施；拟订职工基本养老保险缴费费率、待遇项目、给付条件和标准及基本养老金、福利养老金调整政策；拟订职工养老保险基金管理办法；拟订职工养老保险基金预测预警制度。

六、居民养老保险部门

拟订城乡居民养老保险政策和规划、标准，并组织实施；拟订城乡居民养老保险费筹集、养老金支付的具体政策以及城乡居民养老保险经办规则和流程；会同有关部门拟订城乡居民养老保险基金财务管理制度和会计核算办法。

七、医疗保险部门

拟订医疗保险及补充医疗保险、生育保险和公费医疗制度改革的政策和规划，并组织实施；拟订医疗保险社会统筹政策并组织实施；拟订职工基本医疗保险、生育保险和城乡居民医疗保险的待遇标准、药品目录、诊疗项目、服务设施范围及职工疾病、生育停工期间的津贴标准；拟订定点医疗机构和定点药店的资格审定标准、办法并监督实施；拟订职工基本医疗保险、生育保险、城乡居民医疗保险基金管理办法；负责医疗保险救助工作；负责核定本市享受公费医疗待遇的单位、人员资格及公费医疗经费预算工作。

八、工伤保险部门

拟订工伤保险政策和规划，并组织实施；拟订工伤预防、认定和康复政策，并组织实施；拟订工伤保险待遇项目、给付标准和工伤保险基金管理使用办法；拟订工伤保险行业基准费率和浮动档次；拟订工伤保险药品目录、诊疗项目及服务设施范围；拟订工伤定点医疗机构、药店、康复机构、残疾辅助器具安装机构的资格认定标准和监督管理办法。

九、社会保险基金监督部门

拟订社会保险及其补充保险基金监督制度、运营政策和运营机构资格标准；组织社会力量依法监督社会保险及其补充保险基金的征缴、支付、管理和运营；组织受理投诉举报，查处相关案件；监督审计社会保险经办机构及社会保险基金使用单位执行社会保险政策、国家财务会计制度情况；参与拟订本市社会保障基金投资政策；负责机关专项经费及所属单位审计工作。

十、调解仲裁部门

指导协调劳动、人事争议调解仲裁工作；会同有关部门拟订有关劳动、人事争议调解仲裁的政策措施；依法处理劳动、人事争议案件；协调有管辖争议的案件；负责调解员、仲裁员的培训、管理和监督工作。

十一、劳动保障监察部门

贯彻执行劳动和社会保险法律、法规、规章，结合本市实际情况，制定具体组织实施劳动和社会保险监察的实施方案；宣传劳动和社会保险法律、法规和政策，教育引导用人单位和劳动者自觉遵守执行；负责对行政区域内的所有用人单位及其他用工主体，遵守劳动社会保险法律、法规、规章情况的行政执法监察；受理群众和单位对违反劳动和社会保险法律、法规、规章行为的举报案件查处；协助下级劳动和社会保险监察机构查处重点疑难性举报案件；指导、协调下级劳动和社会保险监察机构的业务工作。

辅导练习题

一、单项选择题

1. 下列哪项不属于居民养老保险部门职责？（   ）

    A. 拟订城乡居民养老保险政策和规划、标准，并组织实施

    B. 拟订城乡居民养老保险费筹集、养老金支付的具体政策以及城乡居民养老保险经办规则和流程

    C. 会同有关部门拟订城乡居民养老保险基金财务管理制度和会计核算办法

    D. 拟订城乡居民养老保险基金管理办法与政策

    答案：D

2. 下列哪些不属于医疗保险部门职责？（   ）

    A. 拟订医疗保险及补充医疗保险、生育保险和公费医疗制度改革的政策和规划，并组织实施

    B. 拟订医疗保险社会统筹政策并组织实施

    C. 负责医疗保险救助工作

    D. 负责医疗保险福利工作

    答案：D

二、多项选择题

1. 下列哪些不属于促进就业（失业保险）部门职责？（   ）

    A. 拟订失业保险政策和制度，并组织实施

    B. 拟订就业专项资金和失业保险基金管理办法

    C. 失业保险金发放

    D. 再就业培训

    答案：CD

2. 人力资源市场管理部门职责包括（   ）。

    A. 拟订并组织实施人力资源市场的发展规划和管理办法，建立统一规范的人力资源市场

    B. 建立完善本市和国（境）外人力资源服务机构市场准入管理制度

    C. 负责人力资源市场服务机构的监督管理

D. 规划、指导人力资源市场信息化建设工作

答案：ABCD

第六节　劳动争议仲裁、诉讼机构职能和办案程序

一、劳动争议仲裁机构

劳动争议仲裁机构主要包括仲裁委员会、仲裁委员会办事机构以及仲裁庭。

1. 劳动争议仲裁委员会的设立

劳动争议仲裁委员会是指依法设立，依法独立地对劳动争议案件进行仲裁的专门机构。《劳动争议调解仲裁法》规定：劳动争议仲裁委员会按照统筹规划、合理布局和适应实际需要的原则设立。省、自治区人民政府可以决定在市、县设立；直辖市人民政府可以决定在区、县设立。直辖市、设区的市也可以设立一个或者若干个劳动争议仲裁委员会。劳动争议仲裁委员会不按行政区划层层设立。

由于我国幅员广阔，经济发展不平衡，东部、南部省市经济比较发达，劳动争议相对较多，争议当事人相对集中。而在广大中西部地区，劳动争议相对较少。因此，在劳动争议仲裁委员会的设立上，允许各省级人民政府根据本地区劳动争议处理工作的实际需要，统筹安排、合理布局本辖区内的劳动争议仲裁委员会。

2. 劳动争议仲裁委员会的组成和职责

劳动争议仲裁委员会由劳动行政部门代表、同级工会代表和用人单位代表组成。其组成人数应当是单数。

劳动争议仲裁委员会依法履行下列职责：（1）聘任、解聘专职或者兼职仲裁员；（2）受理劳动争议案件；（3）讨论重大或者疑难的劳动争议案件；（4）对仲裁活动进行监督。

3. 劳动争议仲裁委员会的办事机构

劳动争议仲裁委员会下设办事机构，负责办理劳动争议仲裁委员会的日常工作。包括管理仲裁员，组织仲裁庭；管理仲裁委员会的文书、档案、印鉴；负责劳动争议及其处理方面的法律、法规及政策咨询；向仲裁委员会汇报、请示工作，办理仲裁委员会授权或交办的其他事项。

4. 仲裁员和仲裁庭

仲裁庭是仲裁委员会处理劳动争议案件的基本组织形式，代表仲裁委员会对具体劳动争议案件行使仲裁权，由经一定程序选出的仲裁员组成的非常设性的处理劳动争议的专门机构。仲裁委员会处理劳动争议案件实行仲裁庭制度，即按照"一案一庭"的原则组成仲裁庭。

仲裁庭的组织形式可分为独任制和合议制两种。独任制是由仲裁委员会指定一名仲裁员独任审理仲裁，适用于事实清楚、案情简单、法律适用明确的劳动争议案件。合议制是指由一名首席仲裁员和二名仲裁员组成仲裁庭，共同审理劳动争议案件。仲裁庭的首席仲裁员由仲裁委员会负责人或其授权其办事机构负责人指定，另两名仲裁员由仲裁委员会授权其办理机构负责人指定或由当事人各选一名。其中不符合规定的，由仲裁委员会予以撤销，重新组成仲裁庭。

仲裁庭在仲裁委员会领导下依法处理劳动争议。仲裁庭对重大或是疑难案件，可以提交仲裁委员会集体决定；对于仲裁委员会的决定，仲裁庭必须执行。仲裁庭处理劳动争议案件时，应报仲裁委员会主任审批；仲裁委员会主任认为有必要时，也可提交仲裁委员会审批。

仲裁员是指由劳动争议仲裁委员会依法聘任的，可以成为仲裁庭组成人员而从事劳动争议处理工作的人员。《劳动争议调解仲裁法》规定：具备下列条件之一的公民可以担任仲裁员：（1）曾任审判员的；（2）从事法律研究、教学工作并具有中级以上职称的；（3）具有法律知识、从事人力资源管理或者工会等专业工作满五年的；（4）律师执业满三年的。

二、劳动争议仲裁程序

（一）申请和受理

劳动争议仲裁虽然是一种非司法程序，但和司法程序一样实行"不告不理"原则，即仲裁程序因当事人提出申请而启动。如果没有当事人提出劳动争议仲裁申请，那么劳动争议仲裁机构是不会主动启动仲裁程序的。

1. 仲裁时效

劳动争议申请仲裁的时效为1年。仲裁时效期间从当事人知道或者应当知道其权利被侵害之日起计算。

劳动关系存续期间因拖欠劳动报酬发生争议的，劳动者申请仲裁不受仲裁时效的限制，但是，劳动关系终止的，应当自劳动关系终止之日起一年内提出仲裁申请。

2. 书面仲裁申请

申请劳动争议仲裁，当事人应当亲自或者书面委托代理人到有管辖权的劳动争议仲裁机构提出书面申请，按照申请书上的要求填写后递交给工作人员，然后等待是否受理的通知。申请劳动争议仲裁应当提交下列材料：（1）申请书；（2）申请人身份证明；（3）劳动关系证明；（4）被申请人身份证明；（5）送达地址确认书。

3. 仲裁机构受理

劳动争议仲裁机构在立案时，只就申请人是否是本案当事人、所申请内容是否属于劳动争议的受理范围、是否属于该劳动争议仲裁机构管辖等问题进行初步审查。至于申请人的请求是否符合法律的要求，是否有相应的事实依据，是在后面的仲裁审理活动中要解决的问题。申请人所提交的《劳动争议仲裁申请书》中所写的内容未必一定就是劳动争议仲裁机构最终认定的结果。

劳动争议仲裁机构收到仲裁申请之日起5日内，认为符合受理条件的应当受理，并通知申请人；认为不符合受理条件的应当书面通知申请人不予受理，并说明理由。对劳动争议仲裁机构不予受理或者逾期未作出决定的，申请人可以就该劳动争议事项向人民法院提起诉讼。

劳动争议仲裁机构受理仲裁申请后，应当在5日内将仲裁申请书副本送达被申请人。被申请人收到仲裁申请书副本后，应当在10日内向劳动争议仲裁机构提交答辩书。劳动争议仲裁机构收到答辩书后，应当在5日内将答辩书副本送达申请人。被申请人未提交答辩书的，不影响仲裁程序的进行。

（二）开庭和裁决

1. 发放出庭通知书

劳动争议仲裁机构裁决劳动争议案件实行仲裁庭制。仲裁庭由3名仲裁员组成，设首席仲裁员，简单的劳动争议案件可以由1名仲裁员独任仲裁。劳动争议仲裁机构应当在受理仲裁申请之日起5日内将仲裁庭的组成情况书面通知当事人。

仲裁庭应当在开庭5日前，将开庭日期、地点书面通知双方当事人，当事人有正当理由的，可以在开庭3日前请求延期开庭。是否延期，由劳动争议仲裁机构决定。

2. 开庭审理

仲裁庭开庭审理劳动争议案件，可以根据案情选择以下程序：

（1）由书记员查明双方当事人、代理人及有关人员是否到庭，宣布仲裁庭纪律。

（2）由首席仲裁员宣布开庭，宣布仲裁员、书记员名单，告知当事人在仲裁活动中的权利与义务，并询问当事人是否申请回避并宣布案由。

（3）听取申请人的陈述和被申请人的答辩。

（4）仲裁员以提问的方式，对需要进一步了解的问题进行当庭调查。

（5）根据当事人的意见当庭调解，调解达成协议的，当庭制作仲裁调解书。双方当事人经调解达不成协议或当事人不愿意调解，或调解书送达前当事人反悔的应及时裁决。

（6）由首席仲裁员宣布休庭进行合议。

（7）由首席仲裁员宣布复庭，宣布仲裁裁决或宣布延期裁决。宣布裁决时，应告知当事人不服裁决时起诉的期限。

仲裁庭处理劳动争议，应自组成仲裁庭之日起45日内结束。案情复杂需要延期的，报仲裁委员会主任批准后可以适当延期，但延期最长不得超过15日。

三、劳动争议诉讼机构

在我国，审理劳动争议案件的机构一般是民事审判庭，个别地方的法院设立了专门审理劳动案件的劳动审判庭。长期以来，劳动争议案件被认为是"随着我国劳动用工制度的改革和劳动合同制度的建立而逐步发展起来的一种新类型民事案件"，随着人民法院内部审判职能分工的变化，一般由民事审判第一庭负责审理。

在近些年的司法实践中，法院审理的劳动争议案件迅速增加，不少法院设立了劳动争议合议庭来专门处理劳动争议案件，但是劳动争议合议庭仍属于民事审判庭的内部机构。随着《劳动合同法》和《劳动争议调解仲裁法》的颁布实施，大量劳动争议案件井喷式地涌向法院，某些地方的人民法院开始设立专门的劳动争议审判庭负责审理劳动争议案件，但这并不是普遍现象，只是在一些劳动争议案件数量特别多、审判任务特别重的法院中设立。

四、劳动争议诉讼程序

（一）起诉与受理阶段

1. 起诉

起诉是指公民、法人或其他组织认为自己的或依法由自己管理、支配的劳动权益受到侵害或与他人发生争议，以自己的名义请求人民法院行使审判权以保护自己合法权益的诉讼行为。《劳动争议调解仲裁法》规定当事人对劳动争议案件的仲裁结果不服的，可以自收到仲裁裁决书之日起15日内向人民法院提起诉讼。

2. 受理

人民法院对于当事人的起诉经过审查后，认为符合法定条件的应当受理，并在当事人起诉的7日内立案；认为不符合起诉条件的，也应当在7日内裁定不予受理。劳动争议当事人不服人民法院做出的不予受理或驳回起诉的裁定的，可以自收到裁决书之日起10内向有管辖权的上一级人民法院提起上诉。此阶段涉及劳动争议案件的管辖问题，确定双方当事人。

（二）准备与调查阶段

这一阶段的任务主要包括：送达起诉状副本和答辩状副本；告知当事人诉讼权利和合议庭组成人员；认真审核诉讼材料，调查收集必要的证据。

1. 送达起诉状和答辩状

人民法院应当在立案之日起5日内将劳动人事争议起诉状副本送被告，被告在收到之日起15日内提出答辩状；被告提出答辩状的，人民法院应当在收到之日起5日内将答辩状副本发送原告。被告不提出答辩状的，不影响人民法院审理。

2. 告知权利和组成合议庭

人民法院对决定受理的案件，应当在受理案件通知书和应诉通知书中向当事人告知有关的诉讼权利义务，或者口头告知。合议庭组成人员确定后，应在3日内告知当事人。

3. 审核资料和调查取证

调查取证是这个阶段的重要工作，法院必须坚持重证据，重调查研究的原则，对与案件有关的事实要查清，与案件有关的数据要算准，尤其对劳动报酬、加班费、补偿金等的金额要核清，对发生争议的前因后果要搞明。调查取证涉及诉讼举证责任的分配问题。举证责任分配，是指在案件事实真伪不明的情况下，法官为做出判决所依据的事实进行认定而对证明责任在当事人之间分配的行为。劳动争议诉讼举证责任分配就是争议双方当事人分担举证责任的问题。

（三）开庭与审判阶段

审理劳动争议案件，一般应在双方当事人自愿的前提下先行调解，如果调解成功则可审结案件，调解不成功则诉讼继续进行。

1. 法院调解

法院调解遵循当事人自愿、查明事实、合法的原则。

第一，自愿原则体现在是否调解和调解协议是否达成两个过程。由于法院调解不是诉讼审理的必经程序，因此，劳动人事争议诉讼过程中，法院调解必须坚持争议双方当事人自愿的原则，如果当事人双方或者一方不同意进行调解的，不能强迫调解；其次，调解协议是否达成也需要就调解结果征询双方当事人的意见，双方自愿达成，那么可以出具相应的调解协议书。

第二，查明事实原则是要求法院调解应该在劳动人事争议案件事实已经基本清楚、当事人之间的权利义务关系已经基本明了的基础上进行，这也体现了"以事实为根据、以法律为准绳"的法律精神。

第三，合法原则不仅体现在调解程序合法性上，也体现在调解协议的内容上。调解程序合法仍然是强调调解在双方自愿的基础上进行，法院组成合议庭进行调解。调解协议内容的合法性强调协议应当不违反国家的法律法规的规定。

2. 审理程序

开庭审理，是人民法院在劳动人事争议诉讼当事人及其他诉讼参与人的参加下，依照法定形式和程序，在法庭上对劳动争议案件进行实体审理的诉讼活动过程。审理应按下列顺序进行：当事人陈述；告知证人的权利义务；证人作证；宣读未到庭的证人证言；出示书证、物证和视听材料；宣读鉴定结论；宣读勘验笔录；法庭辩论。法庭辩论终结后，即进入评议宣判阶段，这是对案件处理的最后结论。

合议庭评议坚持民主集中制，实行少数服从多数的原则，并应秘密进行。评议情况由书记员制作笔录，由合议庭成员签名，以示负责。评议结束做出判断后，能够当庭宣判的，可以当庭宣判；不能当庭宣判的，也可以定期宣判。当庭宣判的，应当在10日内将判决书发送当事人；定期宣判的，宣判后应立即将判决书发给当事人。对公开审理或不公开审理的案件，一律公开判决。劳动人事争议当事人不服人民法院一审判决的，自收到判决书之日起 15 日内，可以向有管辖权的上一级人民法院提起上诉。当事人自收到判决书之日起 15 日内不上诉的，该判决书生效。一方当事人不履行判决的，对方可以申请人民法院强制执行。

3. 督促程序

督促程序是在满足一定条件下，人民法院根据债权人提出的，请求债务人给付金钱或者有价证券的申请，向债务人发出支付令，以催促债务人限期履行义务。这些条件包括债权人与债务人没有其他债务纠纷，并且支付令能够送达债务人。劳动人事争议诉讼中，如果争议是因用人单位支付劳动者工资不当、工伤等赔偿金、加班费为及时足额发放等而引发的，劳动者可以向受理争议诉讼的人民法院提出申请，要求用人单位及时支付应得的工资、赔偿金、加班费等。

劳动争议诉讼中，债权人提出申请后，人民法院应当在 5 日内通知债权人是否受理。人民法院受理申请后，经审查债权人提供的事实、证据，对债权债务关系明确、合法的，应当在受理之日起 15 日内向债务人发出支付令；申请不成立的，裁定予以驳回。债务人应当自收到支付令之日起 15 日内清偿债务，或者向人民法院提出书面异议。债务人在前款规定的期间不提出异议又不履行支付令的，债权人可以向人民法院申请执行。人民法院收到债务人提出的书面异议后，应当裁定终结督促程序，支付令自行失效，债权人可以起诉。

辅导练习题

一、单项选择题

1. 劳动争议仲裁委员会是指依法设立，依法独立地对（　　）进行仲裁的专门机构。

A. 劳动争议案件

B. 劳动人事争议案件

C. 人事争议案件

D. 所有案件

答案：A

2. 劳动争议仲裁委员会的组成人数（　　）。

A. 三人以上

B. 四人以上

C. 五人以上

D. 单数

答案：D

3. 仲裁庭是（　　）的处理劳动争议的专门机构。

A. 常设性

B. 非常设性

C. 临时性

D. 突发性

答案：B

4. 仲裁委员会处理劳动争议案件实行仲裁庭制度，即按照（   ）的原则组成仲裁庭。

    A. 公平公正

    B. 当事人参与

    C. 合理合法

    D. 一案一庭

    答案：D

5. 劳动争议仲裁虽然是一种非司法程序，但和司法程序一样实行（   ）原则。

    A. 遵守劳动法

    B. 主动办案

    C. 不告不理

    D. 强制性

    答案：C

6. 劳动争议申请仲裁的时效为（   ）。

    A. 一年

    B. 六个月

    C. 二年

    D. 三年

    答案：A

二、多项选择题

1. 下列关于劳动争议仲裁委员会的设立说法正确的是（   ）。

    A. 省、自治区人民政府可以决定在市、县设立

    B. 直辖市人民政府可以决定在区、县设立

    C. 直辖市、设区的市也可以设立一个或者若干个劳动争议仲裁委员会

    D. 劳动争议仲裁委员会不按行政区划层层设立

    答案：ABCD

2. 劳动争议仲裁委员会由（   ）组成。

    A. 工人代表

    B. 同级工会代表

    C. 劳动行政部门代表

    D. 用人单位代表

    答案：BCD

责任编辑：胡耀东

封面设计：吴燕妮

图书在版编目（CIP）数据

劳动关系协调员基础知识考试指南/徐艳，唐镀主编. —北京：人民出版社，2013

ISBN 978 - 7 - 01 - 013066 - 8

Ⅰ．①劳…　Ⅱ．①徐…　②唐…　Ⅲ．①劳动关系-中国-指南　Ⅳ．①F249.26-62

中国版本图书馆 CIP 数据核字（2014）第 004390 号

劳动关系协调员基础知识考试指南

LAODONG GUANXI XIETIAOYUAN JICHU ZHISHI KAOSHI ZHINAN

徐 艳 唐 镀 主编

人民出版社 出版发行

（100706　北京市东城区隆福寺街 99 号）

三河市金泰源印装厂印刷　新华书店经销

2014 年 3 月第 1 版　2014 年 3 月北京第 1 次印刷

开本：880 毫米×1230 毫米 1/16　印张：10

字数：270 千字

ISBN 978 - 7 - 01 - 013066 - 8　定价：26.00 元

邮购地址 100706　北京市东城区隆福寺街 99 号

人民东方图书销售中心　电话（010）65250042　65289539